11/25   19/90

AF275127

DETERMINACIÓN DEL ORDEN JURISDICCIONAL EN EL DERECHO DE DAÑOS ESPAÑOL: PROBLEMAS Y PROPUESTAS DE MEJORA

Determinación del orden jurisdiccional en el derecho de daños español: problemas y propuestas de mejora

Juan Panisello Martínez

Doctor en Derecho por la Universidad Pública de Navarra, Cum Laude, dentro del Programa de doctorado en Economía, Empresa y Derecho.

Da mihi
factum
dabo tibi ius

INSTITUTO VASCO DE
DERECHO PROCESAL

Red Jurídica Europea
e Iberoamericana

Este trabajo ha obtenido el «PREMIO INSTITUTO VASCO DE DERECHO PROCESAL» en XV. Edición (2025) siendo Presidente de la Comisión que ha procedido a otorgarlo el Prof. Dr. Antonio María Lorca Navarrete, Catedrático de Derecho Procesal y Director del Instituto Vasco de Derecho Procesal.

Este libro ha obtenido la conformidad para su publicación del respectivo par académico. El proceso de evaluación que se ha seguido es ciego en ambos sentidos. Es decir, el evaluador no conoce la identidad del autor del trabajo objeto de evaluación ni el autor del trabajo evaluado, la del evaluador.

Este libro ha sido sometido a un riguroso proceso de revisión por pares.

© 2025 Atelier
        Santa Dorotea 8, 08004 Barcelona
        e-mail: atelier@atelierlibros.es
        www.atelierlibrosjuridicos.com
        Tel. 93 295 45 60

I.S.B.N.: 979-13-87867-97-3
Depósito legal: B 22383-2025

Impresión: Winihard Gràfics, Avda. del Prat 7, 08180 Moià

A Marisa, mi más firme aliada, y a Juan, mi mejor legado. En ellos encuentro la justicia más profunda: la del afecto, la comprensión y la vida compartida.

SUMARIO

I. CUESTIONES PREVIAS

El principal desafío práctico del Derecho español de daños radica en la concurrencia de diversas jurisdicciones con capacidad para conocer una misma pretensión indemnizatoria. Este solapamiento competencial da lugar a incoherencias y contradicciones que ponen de manifiesto disfunciones e ineficiencias en el sistema de responsabilidad civil, generando externalidades y costes asociados a la fragmentación jurisdiccional. Por ello, se hace necesario un análisis riguroso de estos desajustes y sus consecuencias, con el objetivo de proponer soluciones que contribuyan a mejorar la coherencia y la eficiencia en la administración de justicia.

La determinación del orden jurisdiccional competente en el Derecho español de daños se establece, por regla general, en función del régimen jurídico aplicable al sujeto presuntamente responsable. Sin embargo, cuando el daño proviene de un ilícito penal, la competencia corresponde de forma exclusiva al orden penal[1]. En este contexto, la acción civil derivada del delito no pierde su naturaleza civil por el hecho de ser ejercitada en un proceso penal. La coexistencia de una responsabilidad civil de carácter general y una forma específica que se

---

1.   ADAN DOMÈNECH, F., *La LEC práctica en fichas*, Barcelona (2 ed.), J. M. Bosch Editor, 2017, p. 28.

define como derivada del delito es una anomalía del actual diseño procesal de las acciones indemnizatorias, y una fuente de enorme ineficiencia. Si la finalidad es evitar que la víctima deba acudir a dos procedimientos judiciales, resulta difícil justificar que el ordenamiento le permita reservarse las acciones civiles para un proceso posterior.

Cuando la pretensión de indemnización de daños puede encuadrarse igualmente en la jurisdicción civil o, en su caso, penal, surgen dificultades para precisar con claridad el orden jurisdiccional competente. Si el hecho que causa el daño cometido por el personal al servicio de la Administración no está tipificado como delito, el orden jurisdiccional competente vendrá determinado por la naturaleza de la actividad que ha producido el daño. Esta circunstancia no solo plantea un conflicto en cuanto al órgano jurisdiccional competente civil o contencioso-administrativo, sino que también introduce una cuestión relevante respecto al régimen jurídico aplicable, ya sea el de la responsabilidad por culpa o el de la responsabilidad objetiva y directa. En cambio, si el hecho está tipificado como delito el orden jurisdiccional competente y único es el penal. Ahora bien, si la acción de responsabilidad patrimonial se ejercita no sólo contra el funcionario sino también contra la Administración, la responsabilidad de ésta deja de ser directa y pasa a ser subsidiaria. En tal caso, la indemnización solo podrá obtenerse una vez recaiga sentencia condenatoria en el ámbito penal y se constate la insuficiencia patrimonial del funcionario condenado.

Además, una vez que la Administración ha satisfecho la indemnización al perjudicado como consecuencia de una sentencia penal condenatoria dictada contra el funcionario, resulta innecesario volver a enjuiciar el grado de culpa o dolo en un eventual procedimiento de repetición. Esta duplicidad procesal no solo implica una ineficiencia en términos de recursos públicos, sino que genera costes sociales injustificados y externalidades negativas. Por otra parte, cuando la Administración tiene concertado un seguro de responsabilidad civil, se plantea el problema adicional de precisar con claridad el orden jurisdiccional competente para el ejercicio de la acción directa contra la aseguradora. Esta disyuntiva entre la jurisdicción civil y la jurisdicción contencioso-administrativa genera una notable inseguridad jurídica, que puede dar lugar a una innecesaria prolongación del procedimiento e incluso a la imposición de costas al demandante que opte por la vía jurisdiccional inadecuada.

El orden jurisdiccional social tampoco está exento de problemas de solapamiento competencial. En efecto, cuando los daños ocasionados por el trabajador se producen en el marco de una relación laboral y con vulneración de normas de carácter laboral, la responsabilidad recae sobre el empleador y corresponde su conocimiento a la jurisdicción social. En cambio, si el daño se origina al margen de dicha relación o sin infracción de normas laborales, la competencia será del orden civil. Esta duplicidad de vías no solo genera incertidumbre competencial, sino que conlleva la aplicación de regímenes jurídicos de responsabilidad sustancialmente distintos, comprometiendo la coherencia del sistema de indemnización de daños.

La eventual ampliación o prórroga de la competencia de un órgano jurisdiccional más allá de los límites legalmente establecidos constituye un problema de orden público. Ello pone en riesgo la integridad del sistema jurídico, al abrir la puerta a abusos procesales y situaciones de injusticia, especialmente cuando las partes intentan sortear las reglas de competencia a través de fórmulas artificiosas.

En este contexto, resulta especialmente desafortunado que víctimas de un mismo tipo de daño puedan verse sometidos a procedimientos distintos ante órganos jurisdiccionales diferentes, con la consiguiente aplicación de normas materiales divergentes en relación con su pretensión resarcitoria. Esta fragmentación no solo compromete la seguridad jurídica, sino también la igualdad en el acceso a la tutela judicial efectiva.

II. ENTRE LA PROTECCIÓN DE LAS VÍCTIMAS Y LA DETERMINACIÓN DEL RESPONSABLE

Las personas que hayan sufrido un daño, así como sus causahabientes, ostentan el derecho a ejercitar la correspondiente pretensión resarcitoria ante los tribunales del orden civil, con el objetivo de obtener una indemnización por los perjuicios sufridos. Sin embargo, este principio general que configura la jurisdicción civil como cauce ordinario y preferente para el resarcimiento de los daños presenta numerosas excepciones, en particular cuando los daños, ya sean materiales o personales, han sido causados por sujetos de Derecho público o por actuaciones vinculadas al ejercicio de potestades públicas. En el Derecho español de daños la pretensión civil que se ejercita ante los tribunales de la jurisdicción civil es la solución por defecto, al igual que las reglas civiles tradicionalmente aplicables a la pretensión resarcitoria una vez producido un daño. No obstante, las excepciones a este principio general de aplicación de las normas civiles y de competencia de la jurisdicción civil, aunque están previstas en las normas sustantivas y tienen su reflejo en las reglas de atribución de competencia jurisdiccional, han dado lugar a un conjunto de criterios complejos y a veces contradictorios[2].

---

2.   Se ha ocupado de esta cuestión de forma especial GÓMEZ LIGÜERRE, C., *Derecho aplicable y jurisdicción competente en pleitos de responsabilidad civil ex-*

Mientras que las regulaciones materiales establecen los criterios para atender las reclamaciones tras la producción de un hecho dañoso, la competencia de los órganos judiciales en cada uno de los órdenes jurisdiccionales está determinada por la Ley Orgánica del Poder Judicial (en adelante, LOPJ)[3] y por las normas procesales correspondientes. A pesar de ello, en la práctica, la aplicación judicial del Derecho de daños es proclive a la generación de conflictos procesales jurisdiccionales, ya sea porque se considera que el caso debe ser juzgado por otra jurisdicción o porque dos jurisdicciones se atribuyen simultáneamente la competencia sobre un mismo asunto. En esencia, el debate gira en torno a determinar qué órgano judicial tiene la potestad de conocer y resolver el caso conforme a los criterios de atribución competencial propios de cada orden jurisdiccional[4]. En cualquier caso, la resolución de estos conflictos corresponde a la Sala Especial de Conflictos de Competencia del Tribunal Supremo, que se pronunciará mediante una resolución en forma de auto, determinando cuál de las jurisdicciones enfrentadas es la competente para conocer del asunto sometido a su consideración[5].

El Derecho español de daños se estructura en cuatro marcos normativos: el civil, cuyo ámbito regulatorio básico se encuentra en los artículos 1902 a 1910 del Código Civil; el penal, que aborda la responsabilidad civil derivada de la comisión de ilícitos penales; el administrativo, que regula la responsabilidad civil de las Administraciones públicas; y el laboral, que aunque no cuenta con normas generales sobre responsabilidad civil,

---

tracontractual, Madrid, Marcial Pons, 2019; GÓMEZ LIGÜERRE, C., Responsabilidad civil y responsabilidad laboral derivadas de una misma contingencia profesional. De nuevo sobre la jurisdicción competente. La sentencia civil del caso Uralita. *Revista InDret*, 1, 2016; GÓMEZ LIGÜERRE, C., Problemas de jurisdicción competente y de derecho aplicable en pleitos de responsabilidad civil extracontractual. *Revista InDret*, 2, 2009.

3. Vid. art. 9 LOPJ.
4. GARBERÍ LLOBREGAT, J., *Jurisdicción y competencia de los juzgados y tribunales civiles*, Cizur Menor, Aranzadi, 2008, p. 442.
5. Vid. arts. 42 a 50 LOPJ.

establece disposiciones específicas que prevén la responsabilidad del empresario por los accidentes de trabajo y enfermedades profesionales de los empleados. Cada uno de estos marcos normativos dispone de sus propias leyes procesales, que son aplicadas de manera exclusiva y excluyente por los tribunales correspondientes a cada orden jurisdiccional. La asignación de los asuntos entre los distintos órdenes jurisdiccionales potencialmente competentes para resolver una demanda de indemnización por daños sigue, fundamentalmente, el criterio objetivo y el criterio subjetivo.

El primer criterio para la determinación del orden jurisdiccional competente es el objetivo. Conforme a este criterio, la jurisdicción competente se determinará según la calificación jurídica de los hechos que ocasionaron el daño, distinguiéndose entre conductas delictivas y no delictivas. Esta diferenciación es esencial para establecer si el asunto debe ser conocido por la jurisdicción penal o, en su defecto, por la jurisdicción civil u otro orden jurisdiccional competente. Si el tribunal penal determina su competencia para conocer del asunto, los tribunales de los demás órdenes jurisdiccionales deberán acatar dicha decisión y abstenerse de intervenir en la causa, en virtud de la prioridad de la jurisdicción penal. La prevalencia de la jurisdicción penal en el conocimiento de los casos que puedan constituir ilícitos penales produce un efecto preclusivo, lo que implica que el ejercicio de la acción penal impide la continuación de cualquier proceso en otros órdenes jurisdiccionales que se base en los mismos hechos.

En segundo lugar, el criterio subjetivo determina la jurisdicción competente en función del régimen jurídico aplicable al posible responsable del daño. En la práctica, este criterio constituye la principal fuente de conflictos procesales jurisdiccionales, especialmente cuando el daño ha sido ocasionado por una pluralidad de sujetos, cada uno de ellos sometido a un régimen jurídico diferente. La coexistencia de diversos regímenes jurídicos subjetivos genera, en efecto, dificultades para establecer la jurisdicción competente en materia de reclamación indemnizatoria por parte de la víctima. Estas complejidades se originan cuando los responsables del daño están sometidos a distintos marcos normativos, lo que dificulta la elección del tribunal adecuado para resolver el litigio. Por ello, la asignación de competencias entre las jurisdicciones civil, contencioso-administrativa y social debe efectuarse de conformidad con la distribución de competencias por razón de los asuntos, tal y como establece la LOPJ, garantizando que cada jurisdicción actúe dentro de los límites normativos correspondientes[6].

El problema para fundamentar que la existencia y extensión de una pretensión indemnizatoria pueda ser evaluada por hasta cuatro jurisdicciones potencialmente competentes radica en la aplicación de distintas normativas procesales y, en numerosos casos, en la adopción de criterios divergentes en materia de responsabilidad civil. Esta pluralidad de enfoques conlleva una notable inseguridad jurídica, al generar incertidumbre y discrepancias en las resoluciones sobre la reclamación. A pesar de esta diversidad, la pretensión de la víctima sigue siendo la misma: obtener una compensación por el daño sufrido. La coexistencia de distintos regímenes legales y jurisdicciones competentes incrementa la inseguridad jurídica, debido a la falta de uniformidad en las decisiones relativas al resarcimiento de daños. Esta situación puede derivar en resultados contradictorios, lo que entorpece la protección efectiva de los derechos de la víctima. A ello se suma que cada orden jurisdiccional valora los mismos daños causados conforme a regímenes jurídicos diferentes, que conducen a consecuencias jurídicas igualmente dispares. Esta heterogeneidad dificulta la determinación del alcance de la indemnización y obstaculiza el acceso de la víctima a una reparación justa y adecuada[7].

6.　Piénsese en los supuestos en que la víctima, en lugar de reclamar la reparación del daño a la Administración pública titular del servicio público que lo causó, se dirige contra la compañía aseguradora de la Administración o contra el personal contratado para la prestación del servicio público.

7.　GÓMEZ LIGÜERRE, C., *Derecho aplicable y jurisdicción competente…*, *ob. cit.*, pp. 28 y 30.

La asignación de competencias entre los distintos órdenes jurisdiccionales se fundamenta en la identificación de los potenciales responsables del accidente, ya sean particulares, empleadores o funcionarios. De acuerdo con el régimen jurídico aplicable a cada uno de dichos responsables, se determina un estándar de responsabilidad distinto, el cual será gestionado por el orden jurisdiccional correspondiente, en función de la naturaleza del vínculo y de las normativas que rigen la relación entre las partes. No obstante, dicho enfoque omite considerar la pretensión principal de la víctima, que es obtener una compensación por el daño sufrido. Las diferencias en el tratamiento jurisdiccional solo se disipan cuando el daño se origina en la comisión de un ilícito penal. En tales casos, la competencia no se asigna en función de la naturaleza de la reclamación indemnizatoria, sino en relación con la posible dimensión penal de las conductas que ocasionaron el daño. Así, la jurisdicción competente se establece en función de la naturaleza del acto que causa el daño, y no en base a la finalidad resarcitoria perseguida por la víctima.

Por ello, resulta pertinente la observación de Gómez Ligüerre al indicar que, al menos en lo que se refiere a la distribución de competencias entre los distintos órdenes jurisdiccionales, el Derecho de daños se concibe como una herramienta orientada hacia los responsables, en lugar de centrarse en la protección de las víctimas. El establecimiento del orden jurisdiccional competente se basa en el régimen legal aplicable al demandado, considerado el potencial responsable del daño, sin que la pretensión resarcitoria de la víctima constituya el elemento central de dicha determinación[8].

El conflicto de jurisdicciones reviste gran importancia, puesto que, según la jurisdicción en la que se presente la demanda, las consecuencias pueden variar considerablemente, dado que los tribunales aplican criterios distintos en sus resoluciones. El

---

8.   Gómez Ligüerre, C., Responsabilidad civil y responsabilidad laboral…, *ob., cit.*, pp. 4 a 7.

problema se agrava cuando dos órdenes jurisdiccionales distintos reclaman la competencia para resolver ciertos asuntos o, incluso, cuando ambos la ejercen de forma efectiva. Esta situación, como veremos, da lugar a una especie de jurisdicción electiva, es decir, permite al justiciable elegir entre una u otra jurisdicción. En este contexto, la parte demandante dispone de la facultad de optar por el orden jurisdiccional ante el cual formular su reclamación, lo que añade un elemento adicional de complejidad e incrementa la incertidumbre en la resolución del conflicto, al depender el desenlace del litigio en buena medida del fuero elegido.

III. La responsabilidad civil en el proceso penal

En el proceso penal la denominada responsabilidad civil derivada del delito implica que, tras consumarse el ilícito penal, el autor debe resarcir económicamente a las víctimas por los daños y perjuicios ocasionados. Bajo este régimen, el autor no solo enfrenta las consecuencias penales de su conducta delictiva, sino que también debe indemnizar a las víctimas por los perjuicios sufridos como consecuencia de su comportamiento ilícito. Así, la responsabilidad civil se configura como un mecanismo de compensación a favor de la víctima, independiente de la eventual condena penal que se imponga al infractor, pudiéndose abordar tanto en el proceso penal como en el civil, de acuerdo con las circunstancias y la normativa aplicable.

1. DAÑOS OCASIONADOS POR DELITOS Y ACCIÓN RESARCITORIA

En el sistema jurídico español, la responsabilidad por los daños ocasionados por una acción u omisión voluntaria o imprudente castigada por las leyes penales se establece en el proceso penal, siempre que, tras dictarse una sentencia condenatoria, la víctima no haya renunciado a la acción civil ni optado por reservarla para su ejercicio en un procedimiento civil posterior. El objetivo principal de este sistema es proteger al perjudicado, quien, al no manifestarse explícitamente en contrario, permite que el Ministerio Fiscal actúe en su nombre solicitando la reparación del daño sufrido. De este modo, la víctima no necesita interponer una acción civil independiente, ya que el propio proceso penal se encarga de garantizar la indemnización correspondiente. Aunque el modelo español ofrece ciertas ventajas, también presenta inconvenientes que no deben pasarse por alto. Uno de los aspectos más destacados de este sistema es su singularidad, derivada de características específicas que lo hacen diferente a otros modelos jurídicos. Entre ellas se encuentran la intervención del Ministerio Fiscal en nombre de la víctima y la posibilidad de resolver tanto la responsabilidad penal como la civil en un solo proceso. Sin embargo, esta integración de ambos aspectos también puede acarrear ciertas dificultades, entre ellas la posible dilación de la resolución de la reclamación indemnizatoria o la complejidad en la coordinación entre los distintos elementos que conforman del proceso penal[9].

La doctrina mayoritaria sostiene que la responsabilidad civil recogida en el artículo 1092 del Código Civil[10] no surge directamente del delito, sino del daño injusto que este provoca. De este modo, se asemeja a la responsabilidad derivada de actos u omisiones que no están sancionados o penados por la ley, pero en los que intervienen elementos como la culpa o la negligencia[11]. En este sentido, aunque la conducta que origina el daño

---

9.   YZQUIERDO TOLSADA, M., La responsabilidad civil en el proceso penal. En L.F. Reglero Campos y J. Manuel Busto Lago (Coord.), *Tratado de Responsabilidad civil*, vol. 1 (pp. 1105-1236), Cizur Menor, Aranzadi, 2014, pp. 1105 y ss. Disponible en Aranzadi digital (BIB 2014\137).

10.   Art. 1092 CC: «*Las obligaciones civiles que nazcan de los delitos o faltas se regirán por las disposiciones del Código Penal*».

11.   DÍEZPICAZO y PONCE DE LEÓN, L., *Derecho de daños*, Madrid, Civitas, 1999, pp. 269 y ss.; DÍEZPICAZO y PONCE DE LEÓN, L., *Fundamentos de Derecho Civil Patrimonial. Las relaciones obligatorias*, tomo II, Madrid, Civitas, 2008, pp. 235 y ss.; ALASTUEY DOBÓN, C., Comentario a los arts. 109 a 122 del Código Penal. En M. Gómez Tomillo (Dir.), *Comentarios al Código Penal*, Valladolid, Lex Nova, 2010, pp. 443 y ss.

sea delictiva, la responsabilidad civil se basa en la existencia de un perjuicio injusto que debe ser resarcido, independientemente de la naturaleza penal de la acción. Por su parte, la responsabilidad civil derivada de los delitos se encuentra regulada en el artículo 109,1 del Código Penal, que establece la obligación de reparar los daños y perjuicios causados por el delito. Esta disposición recoge el principio de que el autor de un delito no solo debe afrontar las consecuencias penales de su conducta, sino también asumir la responsabilidad civil, indemnizando a la víctima por los perjuicios sufridos como consecuencia de la comisión del hecho delictivo.

La codificación penal se efectuó con anterioridad a la civil, lo que llevó al legislador penal a incorporar en el Código Penal disposiciones de carácter civil destinadas a la reparación de los daños ocasionados por ilícitos penales. Este enfoque permitió integrar en el ámbito penal la obligación de indemnizar a las víctimas por los perjuicios sufridos, lo que fue posteriormente mantenido y consolidado con la promulgación del Código Civil. Así, cuando se aprobó el Código Civil, se conservaron las disposiciones del Código Penal, lo que explica que el artículo 1092 del Código Civil establezca que las obligaciones civiles derivadas de los delitos se regirán por las disposiciones del Código Penal[12]. Al margen de las razones históricas que justifican esta regulación en el Código Penal[13], lo cierto es que la situación se ha mantenido sin cambios, y el artículo 1092 del Código Civil sigue siendo una norma incompleta, que simple-

12. GÓMEZ LIGÜERRE, C., Problemas de jurisdicción competente y de derecho aplicable..., *ob. cit.*, pp. 11 y 12.

13. Cuestión analizada por diversos autores como DÍEZPICAZO y PONCE DE LEÓN, L., *Derecho de daños, ob. cit.*, pp. 269 a 273; YZQUIERDO TOLSADA, M., El perturbador artículo 1092 del Código civil: cien años de errores. En Libro conmemorativo del *Centenario del Código Civil*, vol. II (pp. 2109-2135), Madrid, Asociación de Profesores de Derecho civil, 1990, pp. 2109 y ss. o YZQUIERDO TOLSADA, M., *La responsabilidad civil contractual y extracontractual*, Madrid, Reus, 1993, pp. 51 y ss.

mente remite expresamente a la regulación del Código Penal[14], independientemente del orden jurisdiccional que la aplique[15].

El hecho de que la pretensión indemnizatoria se plantee en un proceso civil o penal ya sea de manera conjunta en el proceso penal o de forma independiente en un proceso civil, no altera el contenido de la obligación de indemnizar. Tanto la doctrina como la jurisprudencia coinciden de manera unánime en afirmar que no existen dos tipos de responsabilidad civil una derivada del delito y otra de un acto u omisión culpable, sino una única responsabilidad que surge de cualquier conducta ilícita que cause un daño. En este sentido, solo aquellas infracciones penales que, además de constituir un ilícito penal, impliquen un ilícito civil pueden dar lugar a una responsabilidad civil. Por ello, su regulación en el Código Penal no modifica la naturaleza jurídica de la acción *ex delicto*, que mantiene su carácter civil, incluso cuando se ejerce en el marco de un proceso penal[16].

La obligación de indemnizar no deriva del delito en sí mismo, sino del daño causado por una conducta que, con independencia de su calificación penal, reúne los requisitos de imputabilidad y causalidad exigidos por el ordenamiento civil. En este sentido, la responsabilidad civil no se fundamenta en la existencia del ilícito penal, sino en la concurrencia de un perjuicio injusto que debe ser reparado conforme a los principios del Derecho de daños. El olvido de esta sencilla idea es el origen de muchos de los problemas en la aplicación de la responsabilidad civil derivada del delito. La llamada responsabilidad civil *ex delicto* no es más que una manifestación de la responsabilidad civil general regulada en el artículo 1093 del Código

---

14.   La remisión a los arts. 109 a 126 CP debe ser completada con los arts. 100 a 117 LECrim.

15.   LLAMAS POMBO, E., Comentario al art. 1092 CC. En A. Domínguez Luelmo (Dir.), *Comentarios al Código Civil, Valladolid*, Lex Nova, 2010, p. 1190.

16.   GÓMEZ LIGÜERRE, C., *Derecho aplicable y jurisdicción competente…, ob.cit.*, p. 72.

STS-Penal 936/2006, 10 octubre 2006 (rec. 388/2006) (MP Juan Ramón Berdugo Gómez de la Torre) (ECLI:ES:TS:2006:6195).

Civil[17]. En este sentido, el tribunal penal es competente para determinar las responsabilidades civiles derivadas del delito, salvo que la víctima haya formulado una reserva expresa de acciones para reclamar la responsabilidad civil ante la jurisdicción civil (artículo 109,2 del Código Penal) o ante la que corresponda (artículo 119 del Código Penal)[18].

2. EL MARCO PROCESAL ACTUAL DE LAS ACCIONES INDEMNIZATORIAS

El sistema de distribución competencial vigente en el ordenamiento jurídico español, en lo que respecta a las jurisdicciones civil y penal, puede dar lugar, en la práctica, a cuatro escenarios distintos[19]:

a) Primer escenario: acumulación de acciones en la jurisdicción penal.
Si en un proceso penal el damnificado no desiste de la pretensión indemnizatoria ni se reserva el derecho a plantearla posteriormente ante la jurisdicción civil, el ejercicio de la acción penal conlleva automáticamente el ejercicio de la acción

---

17. PANTALEÓN PRIETO, A.F., «"Perseverare diabolicum" (¿Otra vez la responsabilidad civil en el Código Penal?)». Jueces para la democracia, 19, 1993 (pp. 6-10), p. 6.
El art. 1093 CC establece que *las (*obligaciones*) que se deriven de actos u omisiones en que intervenga culpa o negligencia no penadas por la ley, quedarán sometidas a las disposiciones del Capítulo II del Título XVI de este Libro.*
18. GÓMEZ LIGÜERRE, C., Derecho aplicable y jurisdicción competente…, ob.cit., pp. 74 y 75.
19. LLAMAS POMBO, E., *Reflexiones sobre derecho de daños: casos y opiniones*, Madrid, La Ley, 2010, pp. 41 y ss.; YZQUIERDO TOLSADA, M., *La responsabilidad civil en el proceso penal*. En L.F. Reglero Campos (Coord.), *Tratado de responsabilidad civil* (pp. 539-619), Cizur Menor, Aranzadi, 2006, pp. 575 y ss.; ROIG TORRES, M., *La responsabilidad civil derivada de los delitos y faltas*, Valencia, Tirant lo Blanch, 2010, pp. 84 y ss.

civil[20]. En este caso, el tribunal penal será competente tanto para determinar la existencia del delito como para resolver sobre la responsabilidad civil derivada del mismo, fijando la indemnización correspondiente en favor de la víctima[21].

Este mecanismo permite agilizar la reparación del daño, evitando que la víctima deba iniciar un procedimiento independiente en la jurisdicción civil. Además, se fundamenta en el principio de unidad de jurisdicción, por el cual la responsabilidad civil *ex delicto* se resuelve dentro del propio proceso penal, salvo que se haya formulado una reserva expresa para su ejercicio posterior.

Según la jurisprudencia, el proceso penal se rige por el principio de oficialidad, lo que significa que su impulso y desarrollo dependen fundamentalmente de la intervención de los órganos jurisdiccionales y del Ministerio Fiscal. En contraste, las pretensiones civiles están sujetas a los principios dispositivo, de rogación y de congruencia[22], que exigen una manifestación expresa de voluntad por parte del perjudicado para su

---

20. Ver arts. 112 y 114 LECrim.

21. En principio solo son susceptibles de resolverse en el proceso penal aquellos efectos civiles que son consecuencia directa del delito, no aquellos otros que pudiendo estar vinculados a la infracción penal, no traen causa de ella. En apoyo de lo indicado vid. STS-Penal 309/2022, 29 marzo (rec. 5945/2020) (MP Antonio del Moral García) (ECLI:ES:TS:2022:1217), que en un supuesto de delito de impago de pensiones nos indica que no puede referirse la responsabilidad civil a todo tipo de pensiones debidas entre los cónyuges sino aquellas que han traído causa para el delito. Por lo que únicamente debe comprender las cantidades adeudadas durante el periodo de impago sometido a enjuiciamiento (STS-Penal 560/2002, 27 marzo (rec. 1941/2000) (MP Miguel Colmenero Menéndez de Luarca) (ECLI:ES:TS:2002:2245)) y no todas las que pudiera haber pendientes. Si, en cambio, pueden incluirse las surgidas durante la tramitación del proceso penal hasta un determinado momento (STS-Penal (Pleno) 346/2020, 25 junio (rec. 1859/2019) (MP Susana Polo García) (ECLI:ES:TS:2020:2483)).

22. Como señala la STS-Penal 105/2018, 1 marzo (rec. 485/2017) (F.J. 7º) (MP Andrés Palomo del Arco) (ECLI:ES:TS:2018:1147) «la responsabilidad civil objeto de pretensión acumulada en un procedimiento penal no resulta privada de su naturaleza civil, con el necesario respeto a los principios de rogación y de congruencia».

ejercicio. Por tanto, el tribunal penal solo podrá pronunciarse sobre la pretensión civil si existe una petición expresa del propio perjudicado o del Ministerio Fiscal[23]. En ausencia de esta solicitud, el tribunal no podrá reconocer ni fijar la indemnización correspondiente, lo que podría obligar a la víctima a acudir posteriormente a la jurisdicción civil para reclamar la reparación del daño.

---

23. STS-Penal 480/2013, 20 mayo (rec. 1883/2012) (F.J. 1º) (MP José Ramón Soriano Soriano) (ECLI:ES:TS:2013:3616) nos recuerda que «la acción civil participa de todas las características propias de su naturaleza, y consecuentemente, su ejercicio y resolución debe ajustarse a los preceptos civiles que le son propios, salvo las reglas especiales que existen en el proceso penal. Lógicamente el procedimiento y sus trámites serán penales, pero de ellos las condiciones del ejercicio de la acción, y sus principios procesales y sustantivos serán los propios de la jurisdicción civil».
En la STS 1015/2013, 23 diciembre (rec. 593/2013) (F.J. 6º) (MP Cándido Conde-Pumpido Tourón) se reitera que «el derecho penal no debería constituirse en un instrumento de protección patrimonial de aquellos que no se protegen a sí mismos», pues de ser cierta esta afirmación en los términos expresados «debería conducir, como mínimo, a la supresión del delito de hurto, en casos de descuido del perjudicado, o a la derogación de la modalidad de apropiación indebida prevenida en el art 254 CP 95 , que brinda una específica protección penal a víctimas negligentes que transmiten dinero o alguna otra cosa mueble por error».
STS-Penal 1036/2007, 12 diciembre (rec. 1649/2006) (F.J. 18º) (MP Juan Ramón Berdugo Gómez de la Torre) (ECLI:ES:TS:2007:9098) señala que «la acción civil es contingente tanto en un sentido sustancial como procesal. Sustancialmente porque, como es sabido, no todos los ilícitos penales producen un perjuicio evaluable económicamente a persona o personas determinadas. Procesalmente, porque el ejercicio de la acción civil en el proceso penal puede resultar exceptuado bien por la renuncia de su titular, bien por la reserva de las acciones correspondientes para ejercitarlas ante la jurisdicción civil».
Y en la jurisprudencia menor vid. SAP Madrid 286/2024, 25 abril (rec. 249/2024) (MP Javier María Calderón González) (ECLI:ES:APM:2024:6397); SAP Alicante 24/2018, 30 enero (rec. 35/2016) (MP Javier Martínez Marfil) (ECLI:ES:APA:2018:3022); SAP Madrid 110/2018, 5 marzo (rec. 580/2017) (MP Justo Rodríguez Castro) (ECLI:ES:APM:2018:3517) y SAP Palmas de Gran Canaria 310/2014, (rec. 652/2013) (MP Ignacio Marrero Francés) (ECLI:ES:APGC:2014:2401).
Y más lejanas en el tiempo STS-Penal 647/1999, 1 septiembre (rec. 2192/1998) (MP Joaquín Giménez García) (ECLI:ES:TS:1999:5514) y STS-Penal 1126/2006, 15 noviembre (rec. 10241/2006) (MP José Manuel Maza Martín) (ECLI:ES:TS:2006:6967).

b) Segundo escenario: resolución de la responsabilidad civil en sentencia penal condenatoria.

Cuando el ejercicio de la acción penal conlleva también el ejercicio de la acción civil y la sentencia penal es condenatoria, el tribunal penal tiene la obligación de pronunciarse sobre la procedencia de la responsabilidad civil derivada del delito. En este contexto, el fallo penal deberá determinar la existencia del daño y su relación con el delito, la cuantía de la indemnización y los sujetos civilmente responsables[24].

---

24. Supuestos en los que se fija la responsabilidad civil al criminalmente responsable en concepto de autor, vid. STS-Penal 1180/2024, 3 enero 2025 (rec. 10123/2024) (MP Julián Artemio Sánchez Melgar) (ECLI:ES:TS:2025:67), relativa a delitos de asesinato, robo y resistencia agentes autoridad; y STS-Penal 1177/2024, 30 diciembre (rec. 4092/2022) (MP Ana María Ferrer García) en un supuesto de delito continuado de estafa.

Ya con anterioridad la STS-Civil 493/93, 21 mayo (rec. 3044/1990) (F.J. 2º) (MP Gumersindo Burgos Pérez de Andrade) (ECLI:ES:TS:1993:3197), indica que «habiéndose personado en la causa (…) y formulado petición expresa en conclusiones definitivas» es en la jurisdicción penal donde debe acordarse el reintegro solicitado, y resumiendo la doctrina jurisprudencial señala que: «A) La declaración de la existencia y de las circunstancias del evento que constituyó delito o falta es de la competencia de los Tribunales penales; B) La indemnización derivada de la responsabilidad civil, ha de ser declarada íntegramente por el Tribunal penal en cuanto a su procedencia, cuantía y sujetos: C) Condenado el denunciado, sin que figure en el fallo penal reserva alguna en cuanto a los derechos del perjudicado o de la Compañía Aseguradora que fue condenada a indemnizar, carece esta última de derecho a reclamar en el juicio civil el reintegro de las cantidades que hubiere satisfecho por cuenta del seguro; y D) Si se aceptase una posición contraria, se estaría atribuyendo al Tribunal civil funciones revisorias de lo pronunciado por un Tribunal penal, lo que impide, en el fondo, la excepción de cosa juzgada, por ir contra su propia esencia, siendo esta la razón última para prohibir el nuevo pronunciamiento».

También puede consultarse STC 78/1986, 13 junio (rec. 1086/1985) (BOE núm. 159, 3 julio 1986), que en recurso de amparo contra Sentencia del Juzgado de Instrucción núm. 16 de Barcelona que estableció la indemnización civil por los daños causados por una falta sin tener en cuenta la pretensión del recurrente, señala que «La tutela judicial efectiva supone que los recurrentes han de obtener una decisión fundada en Derecho, ya sea favorable o adversa. Tal decisión fundada en derecho requiere, ante todo, que la resolución judicial se infiera de la Ley y explique adecuadamente de qué manera esta inferencia es aplicable al

Este mecanismo garantiza una resolución integral del conflicto en un único procedimiento, evitando que la víctima deba acudir posteriormente a la jurisdicción civil para reclamar su indemnización. Sin embargo, en caso de que la sentencia no fije una cuantía concreta o no determine con claridad la extensión del daño, la víctima aún podría acudir a la vía civil para su ejecución o complemento.

Cuando la sentencia penal condenatoria se pronuncia sobre la responsabilidad civil derivada del delito, los perjudicados no podrán acudir posteriormente a la jurisdicción civil, incluso aunque no se les haya reconocido expresamente el derecho a una indemnización[25]. Esto se debe al efecto preclusivo de la

---

caso concreto respecto del cual se juzga. En este sentido, no es suficiente con que el Juez afirme en términos generales que el responsable de un delito también lo es civilmente, invocando para ello el texto del art. 19 del Código Penal. Por el contrario, es preciso que la Sentencia Judicial contenga una determinación del daño causado por el delito, de la misma manera que si la acción civil hubiera sido ejercida en forma independiente de la penal, siendo necesaria además una estimación razonada de la cuantía alcanzada por dichos daños. Es obvio que el criterio del Juez no tiene porque coincidir con la pretensión del dañado, pero sí es necesario que la eventual discrepancia sea razonada en la Sentencia. Por otra parte, es requisito impuesto por el derecho a la tutela judicial efectiva que la Sentencia determine singularmente los sujetos que resulten civilmente responsables, según la reclamación efectuada por la víctima del daño, decidiendo al tiempo sobre la extensión efectiva de la respectiva responsabilidad, o los motivos para no hacerlo».

25.   STS-Penal 1333/2024, 19 noviembre (rec. 1407/2003) (MP Joaquín Delgado García) (ECLI:ES:TS:2004:7520), indica que en el caso de que de delito de falsedad documental se haya derivado «algún daño o perjuicio, éste ha de repararse o indemnizarse, y ello dentro del propio proceso penal, salvo las mencionadas renuncia o reserva de acciones, que no han existido en el caso presente. Son simplemente razones prácticas de economía procesal las que justifican esta solución que la legislación española ofrece para estos casos ahora podríamos decir que amparadas en el derecho a la tutela judicial efectiva del art. 24.1 CE. Si ya se han debatido y han quedado fijados unos determinados hechos delictivos y si tales hechos han originado daños o perjuicios que han de repararse, nuestras leyes optan por que estas cuestiones civiles queden resueltas dentro del procedimiento penal. Y, repetimos, no hay razón alguna para excluir de esta regla los casos de delito de falsedad. Lo que ocurre es que en la mayoría de las oca-

sentencia penal en relación con la acción civil, lo que impide que la víctima reitere su pretensión indemnizatoria en otro orden jurisdiccional.

La razón de esta limitación radica en el principio de unidad de jurisdicción en materia de responsabilidad civil *ex delicto*, que busca evitar que una misma controversia sea resuelta en distintos procedimientos con posibles fallos contradictorios. Así, si el tribunal penal considera que no procede la indemnización, la víctima no podrá reabrir el debate en la jurisdicción civil, quedando definitivamente cerrada su posibilidad de obtener una compensación económica por los daños sufridos.

c) Tercer escenario: auto de sobreseimiento o sentencia absolutoria en el proceso penal

Si en el proceso penal se dicta un auto de sobreseimiento o una sentencia absolutoria, el tribunal penal no podrá pronunciarse sobre la responsabilidad civil derivada del delito, ya que, al no haber existido una condena penal, no se ha reconocido la existencia del hecho delictivo ni la culpa del acusado. En consecuencia, el tribunal penal no estará en posición de determinar la procedencia de la indemnización ni de fijar su cuantía.

En este caso, la vía civil queda abierta para que la víctima pueda reclamar la reparación de los daños sufridos, al no haberse resuelto el asunto en el ámbito penal. La víctima podrá interponer una demanda en la jurisdicción civil, donde se analizará si existe responsabilidad por parte del demandado y, en su caso, se fijará la indemnización correspondiente. Este escenario permite que la víctima persiga la compensación sin que la resolución penal, que no ha condenado al acusado, le impida hacerlo[26].

Que una conducta no sea sancionable conforme a la normativa penal no implica que no pueda ser fuente de responsabili-

---

siones de estos delitos no se derivan daños ni perjuicios a reparar. Pero, cuando do éstos existen, ha de aplicarse la mencionada regla».

26.   GÓMEZ LIGÜERRE, C. (2019). *Derecho aplicable y jurisdicción competente...*, *ob. cit.*, pp. 106 y ss.

dad civil[27]. Así, incluso si el tribunal penal no considera que el hecho sea un delito, la víctima puede todavía reclamar la indemnización correspondiente por los daños sufridos en la jurisdicción civil, sin que ello constituya una contradicción con lo declarado en la sentencia penal ni una vulneración del principio *non bis in idem*[28].

Sin embargo, existe una excepción a esta regla general. Si la sentencia penal absolutoria establece de manera clara que la persona no fue autora del hecho o que no existió el hecho del cual podría derivarse la responsabilidad civil, entonces se produce un efecto de cosa juzgada, lo que cierra la vía civil para la reclamación de indemnización. En este caso, la resolución penal establece definitivamente los hechos y su no existencia o la no autoría, impidiendo que se vuelva a discutir la responsabilidad civil sobre los mismos hechos en otro orden jurisdiccional[29].

---

27. Como indica el art. 116 LECrim, *«La extinción de la acción penal no lleva consigo la de la civil, a no ser que la extinción proceda de haberse declarado por sentencia firme que no existió el hecho de que la civil hubiese podido nacer»*.

28. En relación con la contradicción entre decisiones judiciales el Tribunal Constitucional viene declarando que no es admisible que unos mismos hechos existan y dejen de existir para los órganos del Estado. En concreto la STC 109/2008, 29 septiembre (rec. 8426/2005) (BOE núm. 245, 10 octubre 2008) establece que cuando exista «una resolución (judicial) firme dictada en un orden jurisdiccional, otros órganos judiciales que conozcan del mismo asunto…deberán también asumir como ciertos los hechos declarados tales por la primera resolución o justificar la distinta apreciación que hacen de los mismos».

En igual sentido, la STC 16/2008, 31 enero (rec. 2140/2005) (BOE núm. 52, 29 febrero 2008) indica que «la existencia de pronunciamientos contradictorios en resoluciones judiciales de los que resulte que unos mismos hechos ocurrieron o no ocurrieron, es incompatible con el principio de seguridad jurídica» en cuanto integra la legítima expectativa de quienes son justiciables de obtener para una misma cuestión una respuesta inequívoca, vulnerando por ello la tutela judicial efectiva. No obstante, cabe una distinta apreciación de los hechos siempre que esté motivada y se expongan las razones por las cuales, a pesar de las apariencias, tal contradicción no existe al razonarse los motivos por los que se aparta de aquella primera calificación.

29. En este sentido, vid. YZQUIERDO TOLSADA, M. La responsabilidad civil en el proceso…, ob.cit., disponible en Aranzadi digital, BIB 2014\137.

En los casos de responsabilidad civil por accidentes de tráfico cubiertos por seguro obligatorio, las consideraciones cambian ligeramente respecto a otros supuestos de responsabilidad civil derivada de un delito. Si, tras la incoación de un proceso penal por un hecho cubierto por seguro, se dicta una sentencia absolutoria y el perjudicado no ha renunciado a la acción civil ni la ha reservado para su ejercicio posterior, el tribunal penal puede dictar, a petición de parte, un auto de cuantía máxima conforme al artículo 13 del Real Decreto Legislativo 8/2004, de 29 de octubre, por el que se aprueba el Texto Refundido de la Ley sobre Responsabilidad Civil y Seguro en la Circulación de Vehículos a Motor (LRCSCVM)[30].

Como afirma la jurisprudencia, STS-Civil 212/2005, 30 marzo (rec. 4006/1998) (MP Jesús Eugenio Corbal Fernández) (ECLI:ES:TS:2005:1913) y STS-Civil 140/2010, 24 marzo (rec. 977/2005) (MP Juan Antonio Xiol Ríos (ECLI:ES:TS:2010:2030), «repugna a los más elementales criterios de la razón jurídica aceptar la firmeza de distintas resoluciones jurídicas en virtud de las cuales resulte que unos mismos hechos ocurrieron y no ocurrieron, o que una misma persona fue su autor y no lo fue».

En el mismo sentido vid. STSJ Andalucía 3848/2024, 28 noviembre (rec. 3575/2022) (MP Teresa Orellana Carrasco) (ECLI:ES:TSJAND:2024:18856); SAP Alicante 412/2024, 19 julio (rec. 185/2023) (MP Rafael Fuentes Devesa) (ECLI:ES:APA:2024:1375); SAP Las Palmas 466/2024, 17 julio (rec. 931/2023) (MP Margarita Hidalgo Bilbao) (ECLI:ES:APGC:2024:2315) y SAP Vizcaya 146/2024, 2 mayo (rec. 596/2022) (MP María Carmen Keller Echevarría) (ECLI:ES:APBI:2024:413), entre otras.

30.   *Artículo 13. Diligencias en el proceso penal preparatorias de la ejecución. Cuando en un proceso penal, incoado por hecho cubierto por el seguro de responsabilidad civil de suscripción obligatoria en la circulación de vehículos de motor, recayera sentencia absolutoria, si el perjudicado no hubiera renunciado a la acción civil ni la hubiera reservado para ejercitarla separadamente, el juez o tribunal que hubiera conocido de la causa dictará auto, a instancia de parte, en el que se determinará la cantidad líquida máxima que puede reclamarse como indemnización de los daños y perjuicios sufridos por cada perjudicado, amparados por dicho seguro de suscripción obligatoria y según la valoración que corresponda con arreglo al sistema de valoración del Anexo de esta Ley.*
Se procederá de la misma forma en los casos de fallecimiento en accidente de circulación y se dictará auto que determine la cantidad máxima a reclamar por cada perjudicado, a solicitud de éste, cuando recaiga resolución que ponga fin, provisional o definitivamente, al proceso penal incoado, sin declaración de responsabilidad. (…)

En estos supuestos el testimonio del auto de cuantía máxima tiene la particularidad de servir como título ejecutivo, lo que permite al perjudicado iniciar un proceso ejecutivo civil para cobrar la indemnización, sin necesidad de un proceso declarativo previo. De esta forma, el perjudicado puede obtener la reparación del daño de manera más ágil, incluso cuando el proceso penal no haya dictado una condena, siempre que se haya seguido el procedimiento adecuado y no se haya renunciado a la acción civil[31].

d) Cuarto escenario: reserva expresa de la acción civil en sentencia penal absolutoria

Cuando en un proceso penal se dicta una sentencia absolutoria y el damnificado ha hecho una reserva expresa de la acción civil, este podrá acudir a la jurisdicción civil para reclamar la indemnización por los daños sufridos, manteniéndose viva la acción civil durante el mismo tiempo que el proceso penal[32].

---

31.   Abella López, J., La ejecución del auto de cuantía máxima, *Tráfico y Seguridad Vial,* 163/164, 2012 (pp. 21-40), pp. 21 y ss.
Al objeto de evitar situaciones de inseguridad jurídica, debe entenderse que la causa penal no finaliza hasta que se haya dictado el auto ejecutivo. De esta manera, a efectos del cómputo del plazo de prescripción para la acción declarativa que eventualmente pueda emprender el perjudicado, la formación del título se desarrolla todavía dentro del proceso penal entendido en sentido amplio, por lo que el plazo empezará a correr a partir del momento en que el título ejecutivo se notifique a los interesados. Vid. Reglero Campos, L.F., *Accidentes de circulación: responsabilidad civil y seguro,* Cizur Menor, Aranzadi, 2004, pp. 815 y ss.
32.   Gómez Ligüerre, C., *Derecho aplicable y jurisdicción competente...*, *ob.cit.,* pp. 110 y ss.
De conformidad con lo dispuesto en la STS-Civil 986/2006, 3 octubre (rec. 4265/1111) (MP José Almagro Nosete) y en la SAP Valencia 160/2015 (rec. 158/2015) (MP José Francisco Lara Romero) (ECLI:ES:APV:2015:3288) indicar que el plazo de prescripción para el ejercicio de la acción civil comienza a computarse desde el día siguiente a la notificación de la resolución penal, ya se trate de sentencia firme o auto de sobreseimiento. La notificación del auto de sobreseimiento es necesaria incluso aunque los perjudicados no se hayan personado en la causa penal. Así se reconoce en la STC 89/1999, 26 mayo (rec. 1969/1995) (BOE núm. 154, 29 junio 1999) en relación con el cómputo prescriptivo, en un supuesto de falta de notificación de la terminación del proceso pe-

La reserva expresa de la acción civil permite al perjudicado no perder su derecho a reclamar la reparación en otro orden jurisdiccional, aun cuando el tribunal penal no haya dictado una sentencia condenatoria. Así, en este escenario, la acción civil sigue vigente, y el damnificado tiene la posibilidad de interponer una demanda en la jurisdicción civil para obtener la indemnización correspondiente.

Este mecanismo ofrece a la víctima una vía alternativa para perseguir la reparación del daño, asegurando que su derecho a ser indemnizado no quede comprometido por una decisión absolutoria en el ámbito penal. Además, la acción civil podrá mantenerse abierta mientras no se haya alcanzado la sentencia definitiva en el proceso penal, preservando la opción de recurrir al ámbito civil si el resultado penal no fuera favorable.

No existen diferencias esenciales entre el régimen general de responsabilidad civil establecido en el artículo 1902 del Código Civil y el régimen de responsabilidad civil derivada de hechos que constituyen infracción penal, en tanto ambos se fundamentan en el principio de reparación integral del daño

---

nal para el ejercicio de la acción de responsabilidad civil derivada de delito: cómputo prescriptivo, señala que «es evidente que si el perjudicado ignora el momento en el que ha finalizado el proceso penal, por no haberse personado en las actuaciones, ese desconocimiento puede suponer que transcurra el plazo de prescripción de un año y, si así ocurre, que se vea privado del acceso a la jurisdicción en el orden civil para la defensa de sus pretensiones y que se extinga, de este modo, su derecho a obtener reparación por el daño sufrido. Lo que no se compadece con la plena efectividad del derecho a la tutela judicial que el art. 24.1 CE reconoce (...). De manera que si el órgano jurisdiccional no notifica el archivo de las actuaciones a la perjudicada, no se le ha dado ocasión para conocer si el proceso penal ha finalizado y comienza a correr el plazo de prescripción para ejercitar la acción civil. Por tanto, subsistiendo la llamada acción civil derivada de delito por no haberse renunciado a la misma el perjudicado, y no habiéndose personado éste en el proceso penal, los órganos judiciales han de proceder a la notificación de la providencia de archivo de las actuaciones penales; pues, en otro caso, la ausencia de esta notificación es susceptible de afectar negativamente, como aquí ha ocurrido, a la efectividad del derecho constitucional de la perjudicada de acceder al proceso en el orden civil y hacer valer sus pretensiones para la reparación del daño sufrido».

causado y en la imputación de responsabilidad al sujeto causante del perjuicio[33]. En consecuencia, resulta procedente que ambas figuras reciban un tratamiento homogéneo en lo relativo al plazo de prescripción de la acción[34]. En este sentido, cuando la acción civil se ejercite de manera independiente de la penal, el plazo de prescripción aplicable debería ser el de un año establecido para la responsabilidad extracontractual, con independencia del desenlace del proceso penal, ya sea absolución, sobreseimiento o condena[35].

La igualdad de tratamiento en la prescripción de la acción civil derivada del delito, sin embargo, no es un criterio unánimemente aceptado en la jurisprudencia. Determinados pronunciamientos judiciales sostienen que dicha acción no se rige por el plazo de un año propio de la responsabilidad extracontractual, sino por el plazo de prescripción de cinco años establecido para las acciones personales que no tienen un término especial, conforme a lo dispuesto en el artículo 1964 del Código Civil[36]. Desde esta perspectiva, no resultaría aplicable el plazo específico previsto para las acciones derivadas de culpa o negligencia, al entender que la acción civil *ex delicto* posee una naturaleza diferenciada que justifica su sujeción al régimen general de prescripción de las obligaciones personales[37]. Según esta línea jurisprudencial, el plazo genérico de prescripción de cinco años, aplicable a las acciones personales, regiría cuando exista una sentencia penal condenatoria o cuando en el proceso penal se hayan declarado hechos punibles susceptibles de generar responsabilidad civil. En cambio, en aquellos supues-

---

33. DÍEZ-PICAZO y PONCE DE LEÓN, L., *Derecho de daños, ob. cit.,* pp. 275 a 278.

34. LLAMAS POMBO, E., Comentario al art. 1092 CC, ob, cit., p. 1191.

35. JUAN SÁNCHEZ, R., Nueva doctrina constitucional sobre la prescripción del delito y su incidencia en el ejercicio de la acción por responsabilidad civil *ex delicto, Revista InDret,* 1, 2009, p. 11; GÓMEZ LIGÜERRE, C., Derecho aplicable y jurisdicción competente…, *ob. cit.,* p. 102.

36. La disposición final 1 de la Ley 42/2015, de 5 de octubre, modificó el art. 1964 CC en materia de prescripción, reduciendo el plazo de prescripción de quince a cinco años.

37. Vid. art. 1968,2 CC, plazo 1 año.

tos en que se dicte sentencia absolutoria o auto de sobreseimiento, debería aplicarse el plazo prescriptivo específico previsto para las acciones nacidas de culpa o negligencia[38].

El fundamento de esta solución radica en que, si bien la acción civil *ex delicto* no pierde su naturaleza civil por el hecho de ejercerse en un proceso penal, la ausencia de un plazo de prescripción específico[39] lleva a la aplicación del plazo genérico previsto para las acciones personales[40]. Sin embargo, no se aporta un razonamiento jurídico sólido que justifique la *transformación* del régimen prescriptivo de la acción en función del desenlace del proceso penal[41]. Cabe señalar que, en este contexto, la jurisprudencia[42] parecería inclinarse por una tesis que resulta más favorable para el sujeto pasivo de los daños. En este sentido, cabe considerar que la fijación de un plazo de prescripción más breve cuando el procedimiento penal concluye sin condena constituye una disfunción del sistema español de responsabilidad civil, en la medida en que introduce una posible desigualdad de trato basada exclusivamente en el resultado del proceso penal. Esta asimetría no solo compromete la coherencia del régimen de prescripción aplicable, sino que también revela una ineficiencia del Derecho de daños, al supeditar el ejercicio de la acción indemnizatoria a circunstancias ajenas a su propia naturaleza[43].

---

38.   STS-Civil 180/2008, 6 marzo (rec. 5474/2000) (MP Jesús Corbal Fernández); STS-Civil 298/1999, 12 abril (rec. 2857/1994) (MP Xavier O'Callaghan Muñoz) (ECLI:ES:TS:1999:2416) y STS-Civil 18 octubre 1995 (rec. 1245/1992) (MP Antonio Gullón Ballesteros) (ECLI:ES:TS:1995:5138)

39.   Vid. arts. 109 y ss. CP (art. 19 a 22 y 101 a 111 CP 1973), y arts. 100 y ss. LECrim.

40.   STS-Penal 329/2007, 30 abril (rec. 1111/2006) (MP Juan Ramón Berdugo Gómez de la Torre)

41.   DÍEZ-PICAZO y PONCE DE LEÓN, L., *Fundamentos del Derecho Civil Patrimonial. La responsabilidad civil extracontractual,* tomo V, Cizur Menor, Civitas, 2011, p. 239.

42.   STS-Civil 665/2000, 4 julio (rec. 2650/1995) (MP Román García Varela).

43.   JUAN SÁNCHEZ, R., Nueva doctrina constitucional..., p. 11.

La distinción entre la responsabilidad civil general y la derivada del delito debería haberse suprimido, dado que ambas tienen un fundamento común basado en la reparación integral del daño causado. Su conservación en la reforma legislativa de 1995 es considerada por algunos sectores doctrinales como un error del legislador, ya que esta separación no aporta ni claridad ni coherencia al sistema de responsabilidad civil, generando distorsiones en su aplicación. En consecuencia, hubiera sido más apropiado un tratamiento homogéneo para la responsabilidad civil, sin distinguir entre los daños causados por actos ilícitos penales y aquellos derivados de otras fuentes de responsabilidad extracontractual[44].

Si bien el sistema pretende evitar que la víctima de un delito se vea obligada a acudir a dos procedimientos judiciales distintos para obtener la reparación del daño, la posibilidad de reservar las acciones civiles carece de una justificación suficientemente sólida. Esta opción introduce complejidades procesales que no contribuyen a la eficacia del proceso judicial y, por el contrario, pueden entorpecer su desarrollo. La ausencia de una regulación clara sobre esta cuestión genera incertidumbre tanto para los operadores jurídicos como para las propias víctimas, dificultando una resolución ágil, coherente y eficiente de las reclamaciones de responsabilidad civil derivadas del delito[45].

---

44. Todo ello trae consigo que el Derecho de la responsabilidad civil extracontractual se encuentre dividido en dos textos legales diferentes, cuando lo cierto es que eso que el Código Civil ha establecido como dos fuentes autónomas de la obligación, no son en realidad más que una sola. Responsabilidad civil pura y responsabilidad civil derivada del delito son exactamente lo mismo. Como señala YZQUIERDO TOLSADA, M., *Responsabilidad civil extracontractual. Parte general. Delimitación y especies. Elementos. Efectos o consecuencias*, Madrid, Dykinson, 2017, p. 70, «*no existe propiamente eso que se da en llamar responsabilidad civil derivada del delito*».
En relación con la llamada responsabilidad civil dimanante de delito, también vid. DÍEZ-PICAZO y PONCE DE LEÓN, L., *Derecho de daños, ob. cit.*, p. 273.
45. GÓMEZ LIGÜERRE, C., *Derecho aplicable y jurisdicción competente..., ob. cit.*, p. 69.

IV. EL CONFLICTO PROCESAL EN EL ÁMBITO DE LA JURISDICCIÓN CONTENCIOSO ADMINISTRATIVA

En los supuestos en que el personal al servicio de las Administraciones Públicas incurre en responsabilidad en el ejercicio de sus funciones, la competencia para conocer de la pretensión resarcitoria puede corresponder a la jurisdicción civil, contencioso-administrativa o, en su caso, penal. Esta distribución competencial dependerá de la naturaleza del acto que causó el daño, del título en virtud del cual se exige la responsabilidad contractual, extracontractual o sancionadora y de la eventual concurrencia de ilícito penal o administrativo. En consecuencia, la determinación del orden jurisdiccional competente deberá efectuarse conforme a los criterios establecidos en la normativa procesal y sustantiva aplicable a cada modalidad de responsabilidad, con el fin de asegurar una reparación adecuada y efectiva del perjuicio sufrido por la víctima.

1. ANÁLISIS DE LA RESPONSABILIDAD PENAL, CIVIL Y ADMINISTRATIVA

Cuando el daño ha sido causado de forma intencional o dolosa por personal al servicio de las Administraciones Públicas, y el comportamiento que lo ha originado está tipificado como delito en el Código Penal, el orden jurisdiccional competente y exclusivo será el penal. En este caso, será el tribunal penal el encargado de enjuiciar la existencia del ilícito penal y de imponer, en su caso, la obligación de reparar los daños y perjuicios derivados del delito, de conformidad con lo dispuesto en el artículo 109 del Código Penal[46]. La condición de funcionario de quien comete el delito acarrea la competencia de los tribunales de lo penal por previsión legal expresa, conforme al artículo 37.1 de la Ley 40/2015, de 1 de octubre, de Régimen Jurídico del Sector Público (en adelante, LRJSP), que establece que *la responsabilidad penal del personal al servicio de las Administraciones Públicas, así como la responsabilidad civil derivada del delito, se exigirá de acuerdo con lo previsto en la legislación correspondiente*. En consecuencia, la jurisdicción penal será competente para conocer tanto de la responsabilidad penal como, en su caso, de la responsabilidad civil derivada del delito, cuando los hechos imputados al personal al servicio de las Administraciones Públicas constituyan una infracción penal. La legislación procesal penal prevé que ambas responsabilidades se examinen y resuelvan de forma unitaria en el mismo proceso, con el fin de garantizar una respuesta integral a los daños y perjuicios ocasionados. Este enfoque permite evitar la duplicidad de procedimientos, favorece la coherencia entre el pronunciamiento penal y el resarcimiento civil, y asegura una reparación más ágil y eficaz, conforme a los principios y plazos establecidos en la normativa penal aplicable.

Teniendo en cuenta que, a efectos penales, se considera funcionario público a toda persona que, por disposición legal, por elección o por nombramiento de autoridad competente, participe en el ejercicio de funciones públicas (art. 24.2 CP), resulta fundamental realizar ciertas precisiones en cuanto a la responsabilidad civil derivada del delito y la responsabilidad

---

46. MUÑOZ CUESTA, J. La responsabilidad civil por el hundimiento y vertidos del Prestige, *Revista Aranzadi Doctrinal,* 3, 2019, disponible en base datos Aranzadi, BIB 2019\1477; YZQUIERDO TOLSADA, M., *Aspectos civiles del nuevo Código penal,* Madrid, Dykinson, 1997, pp. 17 y ss.

patrimonial de la Administración[47]. El análisis de esta distinción debe partir del elemento normativo establecido en el artículo 37, párrafo 2, de la LRJSP, que al establecer una remisión a la legislación que corresponda sobre la materia, posibilita que el perjudicado pueda acudir al procedimiento administrativo de responsabilidad penal a pesar de que no haya finalizado el proceso penal iniciado con anterioridad: *la exigencia de responsabilidad penal del personal al servicio de las Administraciones Públicas no suspenderá los procedimientos de reconocimiento de responsabilidad patrimonial que se instruyan, salvo que la determinación de los hechos en el orden jurisdiccional penal sea necesaria para la fijación de la responsabilidad patrimonial.* Esta posibilidad de ejercer la acción civil sin esperar a que finalice el proceso penal, a diferencia de lo que ocurre con carácter general[48], presenta, en la práctica, más inconvenientes que ventajas. Si bien puede parecer favorable para la víctima poder instar ambas acciones de forma paralela, esta opción da lugar a duplicidades procesales y a eventuales conflictos procesales jurisdiccionales. Ello dificulta la necesaria coordinación entre jurisdicciones y propicia el solapamiento de pruebas y decisiones. Además, la resolución penal puede incidir de forma determinante en la responsabilidad civil, de modo que la tramitación simultánea entraña un riesgo evidente de contradicciones entre pronunciamientos judiciales. En consecuencia, esta posibilidad, lejos de agilizar la respuesta judicial, puede introducir mayores niveles de incertidumbre y dilatar innecesariamente los tiempos del proceso, en perjuicio de la eficacia y eficiencia del sistema judicial. Todo ello implica costes adicionales y externalidades negativas que afectan tanto a las partes como al conjunto de la administración de justicia.

Lo que sucede en la práctica es que, debido a la complejidad y las posibles demoras asociadas a la simultaneidad de

---

47.   HERRERO DE EGAÑA ESPINOSA DE LOS MONTEROS, J.M., La responsabilidad patrimonial de las autoridades y del personal al servicio de las Administraciones Públicas, *Revista InDret*, 4, 2004, pp. 18 y ss.
48.   Art. 111 LECrim.

ambos procesos, se tiende a desincentivar al perjudicado a ejercer la acción de responsabilidad patrimonial contra el funcionario en el proceso penal. Además, en ocasiones se le sugiere que la ejercite por la vía administrativa y únicamente contra la Administración, ante la eventual falta de solvencia económica del funcionario. De este modo, el perjudicado que pretenda reclamar al funcionario una responsabilidad patrimonial en el proceso penal se ve obligado a demandar, adicionalmente, a la Administración Pública[49]. Sin embargo, una vez demandada la Administración en vía penal, su responsabilidad deja de ser directa[50] y pasa a ser subsidiaria. En este escenario, la efectividad de la indemnización queda supeditada, en primer lugar, a la condena penal del funcionario y, en segundo lugar, a la existencia de bienes suficientes en su patrimonio para hacer frente a la responsabilidad civil derivada del delito. Esta subordinación puede traducirse en un retraso significativo en la reparación del daño, o incluso en su frustración total, cuando el responsable carece de solvencia. Ello introduce una capa adicional de complejidad al sistema y genera una razonable incertidumbre respecto a la efectividad real del derecho a la indemnización por parte de la víctima[51].

Además, debe tenerse en cuenta que el derecho a reclamar prescribirá al año de producido el hecho o el acto que motive la indemnización o se manifieste su efecto lesivo, conforme al artículo 67,1 de la Ley 39/2015, de 1 de octubre, del Procedimiento Administrativo Común de las Administraciones Públicas (LPACAP). En este sentido, cabe entender que, si no se ha interpuesto dentro del plazo la correspondiente acción de responsabilidad frente a la Administración, el ejercicio de la acción penal no permitiría reabrir el plazo para su ejercicio si ya ha prescrito en el momento en el que se inician las acciones

---

49. Art. 121 CP: «*la pretensión deberá dirigirse simultáneamente contra la Administración o ente público presuntamente responsable civil subsidiario*».
50. Como ocurre de seguirse la vía administrativa.
51. HERRERO DE EGAÑA ESPINOSA DE LOS MONTEROS, J.M., La responsabilidad patrimonial de las autoridades…, *ob. cit.*, p. 20.

penales. Es decir, la acción de responsabilidad patrimonial frente a la Administración y el ejercicio de la acción penal son independientes en cuanto a su prescripción, lo que implica que, si ya ha transcurrido el plazo para presentar la reclamación administrativa, el inicio del proceso penal no podrá revivir o suspender dicho plazo[52].

---

52. García-Trevijano Garnica, E., *Plazo para exigir la responsabilidad extracontractual de las Administraciones Públicas,* Madrid, Civitas, 1998, pp. 166 y ss. Manifiesta diferente opinión, Busto Lago, J.M., La responsabilidad civil de las Administraciones públicas. En L.F. Reglero Campos (Coord.), *Tratado de responsabilidad civil* (pp. 1709-1848), Cizur Menor, Aranzadi, 2006, p. 1826, al considerar que en el caso de que el daño cuyo resarcimiento se pretende esté ligado a la comisión de un ilícito penal, mientras éste no prescribe, tampoco prescribe la acción de responsabilidad civil, de manera que la vía penal puede servir para intentar obtener una indemnización en aquellos casos en los que ya haya transcurrido el plazo de un año previsto el art. 67,1 LPACAP. En cualquier caso, el inconveniente de esta manera de enfocar las cosas estriba en que, si el procedimiento penal iniciado termina con el sobreseimiento o la absolución del sujeto al servicio de la Administración inculpado, no podrá considerarse iniciado un nuevo plazo anual.

Cuestión distinta es admitir o no que, si la acción penal se ejercita dentro del año siguiente al momento en que se produjo el hecho que motiva la pretensión resarcitoria contra la Administración, queda interrumpida también la prescripción de la acción de responsabilidad frente a la Administración. Frente a esta solución podría argumentarse que la prescripción de ambas acciones es independiente, salvo cuando en el proceso penal se exija conjuntamente la correspondiente responsabilidad patrimonial a la Administración, en cuyo caso la pretensión debería dirigirse simultáneamente contra la Administración. Roca Guillamón, J., La responsabilidad del Estado y de las Administraciones Públicas por delitos de sus funcionarios. En J.A. Moreno Martínez (Coord.), *Perfiles de la responsabilidad civil en el nuevo milenio* (pp. 489-532), Madrid, Dykinson, 2000, pp. 489 y ss.; Busto Lago, J.M., *La responsabilidad civil de las Administraciones..., ob. cit.,* p. 1827.

En contra, García-Trevijano Garnica, E., ¿Interrumpe el ejercicio de acciones penales el plazo de prescripción para exigir la responsabilidad patrimonial de la Administración?: Sobre el alcance del artículo 146.2 de la Ley 30/1992, *Revista de Administración Pública*, 141, 1996 (pp. 265-270), pp. 265 y ss., por entender que la incoación del proceso penal interrumpe también la prescripción de la acción directa frente a la Administración.

Nos encontramos ante un régimen legal artificioso que impone costes procesales innecesarios tanto a las víctimas como a las Administraciones Públicas y al propio sistema judicial. En una materia tan delicada como la responsabilidad de los poderes públicos, la seguridad jurídica a menudo brilla por su ausencia. La complejidad normativa y la falta de claridad en la regulación de las acciones civiles derivadas de hechos delictivos cometidos por empleados públicos generan una evidente ineficiencia procesal, al forzar a las víctimas a transitar por vías paralelas y asumir una incertidumbre constante respecto al alcance de las indemnizaciones y a la determinación de las responsabilidades. Esta situación no solo prolonga los tiempos de resolución y eleva los costes económicos y emocionales del proceso, sino que también mina la confianza en el sistema judicial y compromete la efectividad del derecho a la reparación, con consecuencias negativas tanto para los afectados como para la legitimidad del sistema de justicia en su conjunto.

La muestra más evidente de la artificiosidad que tiene el ordenamiento español en esta materia radica en las dificultades para definir lo que ha de entenderse por «servicio público» como paradigma de la actividad prestacional de los poderes públicos, y en cuya ejecución puede causar daños a sus usuarios. Los artículos 32 a 37 de la LRJSP, no concretan si el «servicio público» merece tal calificativo en función de su titularidad pública, de la función social que desempeña o del origen de los fondos que lo financian. Esta falta de precisión genera una incertidumbre relevante en torno a qué actividades pueden considerarse integradas en el ejercicio de funciones públicas y, en consecuencia, en qué supuestos puede exigirse responsabilidad a la Administración por los daños derivados de su prestación[53]. La ambigüedad en la delimitación de este concepto dificulta una aplicación coherente del régimen normativo vigente

---

53.   YÁÑEZ DÍAZ, C., Sociedades mercantiles públicas: responsabilidad ¿patrimonial? y jurisdicción competente, *Revista jurídica de la Comunidad de Madrid*, enero, 2025 (pp. 24-43), pp. 37-43.

y contribuye a una creciente inseguridad jurídica, tanto para los ciudadanos que hacen uso de los servicios públicos como para las propias Administraciones, que se ven obligadas a gestionar sus competencias bajo criterios interpretativos inciertos respecto al alcance de su responsabilidad[54].

2. RESPONSABILIDAD DE LA ADMINISTRACIÓN SIN IMPUTACIÓN PENAL DE SU PERSONAL

Al margen del criterio objetivo, que se refiere a la calificación jurídica de los actos que provocaron el daño y distingue entre actividades delictivas y no delictivas, el conflicto procesal de jurisdicción, como ya hemos indicado[55], también surge en relación con el criterio subjetivo que determina la jurisdicción competente en función del régimen jurídico aplicable al posible responsable del daño. En estos casos, como veremos, el problema radica en la normativa aplicable. El régimen jurídico que se aplique al potencial responsable del daño será el que finalmente determine la jurisdicción competente. Esta situación incrementa la incertidumbre procesal, ya que la aplicación de una normativa u otra no solo afecta al tribunal competente, sino que también puede influir en el tipo de responsabilidad que se atribuya (civil, administrativa o penal) y en el plazo de prescripción de las acciones. Tal incertidumbre puede generar un alargamiento innecesario de los procesos judiciales y un mayor coste tanto para las partes implicadas como para el sistema judicial. Además, puede llevar a decisiones judiciales que no siempre sean coherentes con los principios fundamentales de la responsabilidad y la reparación de los daños causados.

---

54. GÓMEZ LIGÜERRE, C., *Derecho aplicable y jurisdicción competente...*, *ob. cit.*, p. 133.
55. Vid. *supra* II. Entre la protección de las víctimas y la determinación del responsable.

2.1. La caracterización de la responsabilidad de la Administración

Cuando el acto que causó el daño no se encuentre tipificado como delito, el orden jurisdiccional competente se determinará en función de la naturaleza de la actividad que generó el daño. Si la actividad está sujeta a las normas del Derecho privado, como sucede en el caso de que el causante del daño sea un particular p. ej. concesionario de obra, el orden jurisdiccional civil será el competente[56]. Por el contrario, cuando la actividad que origina el daño se rige por normas de Derecho público como sucede cuando el autor del daño es un funcionario o agente al servicio de la Administración Pública y el perjuicio deriva del funcionamiento normal o anormal de los servicios públicos, la competencia corresponde al orden jurisdiccional contencioso-administrativo[57]. Esta determinación del orden jurisdiccional competente se mantiene incluso si en la producción del daño han participado particulares, permitiéndose en tal caso dirigir la demanda exclusivamente contra la Administración o de manera conjunta con dichos particulares. Esta diferenciación tiene como finalidad garantizar que la responsabilidad patrimonial del poder público por los daños causados en el ejercicio de la función administrativa se dirima conforme a los principios, procedimientos y garantías propios del Derecho público, reforzando así la tutela de los derechos e intereses de los ciudadanos frente a la actuación administrativa[58].

De manera general el art. 9,2 LOPJ atribuye a la jurisdicción civil *además de las materias que le son propias, todas aquellas*

---

56.   Arts. 21 y 22 LOPJ.
57.   Art. 9.4 LOPJ, art. 2.e) de la Ley 29/1998, de 13 de julio, de la Jurisdicción Contencioso-Administrativa, y ATS-ConflictosCompetencia 10/2018, 8 junio (rec. 5/2018) (MP María Isabel Perelló Doménech).
58.   ALEGRE ÁVILA, J.M., La responsabilidad civil extracontractual de la Administración Pública y la Jurisdicción Contencioso-Administrativa, *Revista española de Derecho Administrativo,* 126, 2005 (pp. 191-216), pp. 191 y ss., disponible en base datos Aranzadi, BIB 2005\846.

que no estén atribuidas a otro orden jurisdiccional. Esta regla, que recoge la *vis atractiva* de la jurisdicción civil, ha sido utilizada por la Sala Civil del Tribunal Supremo para defender su propia competencia en materia de responsabilidad en casos donde, junto a una Administración pública, se demanda a un particular. También se ha aplicado cuando se realiza una interpretación restrictiva de lo que debe entenderse como el funcionamiento de los servicios públicos o cuando se busca evitar el «peregrinaje de jurisdicciones»[59], una situación que puede tener graves consecuencias para el perjudicado. En este contexto, el riesgo es que el afectado se vea obligado a iniciar diversos procedimientos ante diferentes tribunales, lo que podría acarrear una vulneración del derecho a un proceso sin dilaciones indebidas. Este escenario genera una carga adicional para el perjudicado, quien se ve en la necesidad de litigar en múltiples frentes, con la consiguiente dilación de la resolución del conflicto y la posibilidad de que se generen decisiones contradictorias o fragmentadas sobre el mismo asunto[60].

Este planteamiento no solo plantea un problema relativo a la jurisdicción competente, sino que también introduce una cuestión esencial sobre el régimen jurídico aplicable a la reparación del daño. Según las circunstancias del caso, el marco normativo de la responsabilidad variará. En el ámbito civil, rige un principio general de responsabilidad por culpa o negligencia, lo que exige al perjudicado demostrar que la Administración o el particular actuaron de forma imprudente o descuidada para que proceda la indemnización. En cambio, en el orden contencioso-administrativo se aplica un régimen de responsa-

59.   Es decir, evitar que el conocimiento de un asunto que ha llegado a la última instancia se atribuya a otro orden jurisdiccional.

60.   STS-Civil 18/2004, 30 enero (rec. 682/1998) (MP Pedro González Poveda); STS Civil 519/1997, 12 junio (rec. 2121/1993) (MP Xavier O'Callaghan Muñoz) (ECLI:ES:TS:1997:4157); STS Civil 108/1997, 18 febrero (rec. 892/1993) (MP José Almagro Nosete); SAP Barcelona 30 septiembre 2002 (rec. 840/2001) (MP Mireia Ríos Enrich) (ECLI:ES:APB:2002:9493) y AAP Madrid 271/2005 (rec. 349/2005) (MP José González Olleros) (ECLI:ES:APM:2005:10848A), entre otras resoluciones.

bilidad objetiva y directa de la Administración pública, lo que significa que esta deberá responder por los daños causados con independencia de que haya existido o no culpa, siempre que el perjuicio derive del funcionamiento normal o anormal de los servicios públicos. Esta divergencia en los regímenes de responsabilidad tiene un impacto directo tanto en las posibilidades de obtener reparación por parte del afectado como en la carga probatoria necesaria para acceder a una indemnización[61].

Como se ha expuesto anteriormente, en el ámbito de la responsabilidad por daños causados por la Administración Pública, se consideran indemnizables todos los daños que resulten del funcionamiento de un servicio público, sin que se haga distinción entre el funcionamiento normal o anormal del mismo, conforme al artículo 32 de la LRJSP. Esta regla establece un régimen de responsabilidad objetiva, lo que implica que no se requiere probar que la Administración haya actuado de manera imprudente o negligente, sino simplemente que el daño fue consecuencia del funcionamiento de dicho servicio.

La responsabilidad de la Administración se produce cuando su actuación es la causa directa del daño sufrido, sin que sea necesario acreditar ningún otro requisito más allá de la existencia de un nexo de causalidad entre dicha actuación y el perjuicio. Esta responsabilidad se mantiene con independencia de que la actuación administrativa sea lícita o ilícita, siempre que haya tenido lugar en el ejercicio legítimo de sus funciones propias. Además, se precisa que la lesión sea antijurídica[62], en el

---

61.   GÓMEZ LIGÜERRE, C., *Derecho aplicable y jurisdicción competente...*, p. 132. Ver, arts. 32 y 36 LRJSP.

62.   En un supuesto de lesiones sufridas en acto de servicio por el funcionario del Cuerpo de Policía Nacional, la STS-ConAdvo 20 febrero 2003 (rec. 9499/1998) (MP José Manuel Sieira Míguez) (ECLI:ES:TS:2003:1128) indica (F.J. 1º) que «Como es sabido solo existen daños antijurídicos cuando la víctima no tiene el deber de soportar el daño, deber que surge, por todas, S. de 12 de junio de 2.001, de la concurrencia de un título que lo imponga, contrato previo, cumplimiento de obligación legal o reglamentaria, por cuanto la asunción voluntaria o por mandato legal del riesgo del servicio público, aceptado y consentido por persona encargada de la prestación de ese servicio, rompe la relación

sentido de que el administrado no tenga la obligación de soportar el daño[63], bastando para ello con que el riesgo inherente a la utilización de los servicios públicos haya rebasado los límites impuestos por los estándares de seguridad exigibles con arreglo a la conciencia social. No existirá entonces deber alguno del perjudicado de soportar el menoscabo y, por consiguiente, la obligación de resarcir el daño y perjuicio causado por la actividad administrativa será imputable a la propia Administración[64].

Así, la responsabilidad patrimonial de la Administración por el funcionamiento de los servicios públicos se califica como directa en un doble sentido. En primer lugar, porque exige la existencia de una relación inmediata y exclusiva de causa a

---

de causalidad cuando, como en el caso de autos, se toma de forma autónoma la decisión de actuar y el modo de hacerlo, de tal manera que el funcionario es quien toma la decisión de actuar y asume la dirección de la acción efectuada».

63. En apoyo de los indicado, la STS-ConAdvo 1440/1994, 22 abril (rec. 3197/1991) (MP Manuel Goded Miranda) (ECLI:ES:TS:1994:17354) señala (F.J. 5°): «En efecto, no se ha producido, habida cuenta de los hechos que hemos estimado probados, una lesión en el sentido técnico jurídico que el concepto tiene a los efectos que contemplamos, es decir, un daño antijurídico que quien lo padece no tiene obligación de soportar, por lo que debe ser indemnizado por la comunidad. El deber jurídico de soportar el daño existe cuando el lesionado se ha colocado en una situación de riesgo, tomando parte voluntariamente en una manifestación ilegal y violenta, lo que motivó una respuesta proporcionada en medios, modos y circunstancias por parte de las fuerzas de orden público».

64. El concepto jurídico del servicio público ha sido definido por la jurisprudencia como toda actuación, gestión o actividad propias de la función administrativa, ejercida incluso con la pasividad u omisión de la Administración cuando tiene el deber concreto de obrar o comportarse de modo determinado. En este sentido, STS-ConAdvo 3390/1991, 22 noviembre (F.J, 5°) (MP Mariano Baena del Alcázar) (ECLI:ES:TS:1991:8614); STS-ConAdvo 5 noviembre 1997 (F.J. 7°) (rec. 2807/1993) (MP Juan José González Rivas) (ECLI:ES:TS:1997:6588); STS-ConAdvo 23 diciembre 1998 (F.J. 4°) (rec. 5717/1994) (MP Francisco José Hernando Santiago) (advertir duplicidad identificador europeo de jurisprudencia en CENDOJ: ECLI:ES:TS:1998:7888 - ECLI:ES:TS:1998:8397); STS-ConAdvo 15 febrero 1994 (F.J. 2°) (rec. 9055/1991) (MP Juan Manuel Sanz Bayón) (ECLI:ES:TS:1994:912) y STS-ConAdvo 20 octubre 1997 (F.J. 3°) (rec. 455/1997) (MP Juan José González Rivas) (ECLI:ES:TS:1997:8084)

efecto entre la actuación administrativa y el daño sufrido, es decir, un nexo de causalidad claro que vincule el perjuicio con la actividad administrativa, ya se trate del funcionamiento normal o anormal de los servicios públicos[65]. En segundo lugar, la responsabilidad también es directa porque la Administración responde frente al administrado por los daños ocasionados por sus funcionarios o agentes, con independencia de si la relación que dio lugar al daño es de naturaleza pública o privada, y con independencia también del carácter normal o anormal del funcionamiento del servicio (art. 36.1 LRJSP)[66].

---

65.   Hay que indicar que el carácter directo, inmediato y exclusivo de esta relación de causalidad ha sido superado hace tiempo, pues la relación de causalidad especialmente en los supuestos de responsabilidad por funcionamiento normal de los servicios públicos puede aparecer bajo formas mediatas, indirectas y concurrentes, circunstancias que pueden dar lugar o no a una moderación de la responsabilidad.

66.   En este sentido la STS-ConAdvo 836/2022, 23 junio (rec. 2871/2021) (MP Wenceslao Francisco Olea Godoy) (ECLI:ES:TS:2022:2640) recoge (F.J. 1º) el carácter directo del sistema de responsabilidad de las Administraciones públicas «(…) de modo que la Administración cubre directamente, y no solo de forma subsidiaria, la actividad dañosa de sus autoridades, funcionarios y personal laboral, sin perjuicio de la posibilidad de ejercitar luego la acción de regreso cuando aquellos hubieran incurrido en dolo, culpa o negligencia graves (…). Asimismo, declara el carácter esencial de la relación de causalidad en los términos siguientes: «(…) La relación de causalidad constituye un requisito esencial en la declaración de responsabilidad de las Administraciones Publicas, el sistema descrito requiere la concurrencia de este requisito cuando precisa que la lesión patrimonial, para que sea indemnizable, «sea consecuencia» del funcionamiento de los servicios públicos. Si ese nexo causal falta, no operara la imputabilidad del daño a la Administración. En definitiva, para que el hecho merezca ser considerado como causa, se precisa que en sí mismo sea idóneo para producir el daño, es decir, que tenga especial aptitud para producir el resultado lesivo».
También cabe citar aquí la STSJ GaliciaConAdvo 412/2024, 5 junio (rec. 74/2021) (MP Luis Ángel Fernández Barrio) (ECLI: ES:TSJGAL:2024:4264), en la que al enumerar los requisitos de la responsabilidad de la Administración se refiere a la relación de causalidad, recogiendo que se exige (F.J. 4º) «una relación de causalidad directa e inmediata entre aquélla y ésta, sin la intervención de factores externos que la alteren o eliminen, o de fuerza mayor legalmente excluyente; lo que significa, en principio, *un nexo causal exclusivo, pero sin excluir la posibilidad de la concurrencia o injerencia de un tercero o del mismo perjudicado que*

A diferencia del ámbito civil, la responsabilidad patrimonial de la Administración pública se configura como objetiva o de resultado. Esto implica la exclusión del denominado «margen de tolerancia», de modo que lo determinante no es la existencia de culpa o ilegalidad en la actuación administrativa, sino que el administrado haya sufrido una lesión patrimonial que tenga la condición de daño antijurídico, es decir, un perjuicio que el ciudadano no tenga el deber jurídico de soportar. En este contexto, lo relevante no es el carácter antijurídico de la conducta de la Administración, sino la antijuricidad del resultado lesivo[67]. La responsabilidad deja así de concebirse como una sanción personal derivada de un comportamiento culposo y se transforma en un sistema objetivo de reparación, que se activa por el mero hecho de haberse producido un daño patrimonial al administrado, con independencia de la intención, previsibilidad o diligencia del agente que lo causó [68]. No obstante, para

---

con su conducta sirva para moderar o graduar la cuantía indemnizatoria, ni que por su entidad o valor determinante rompa por completo ese nexo eximiendo a la Administración de toda responsabilidad, como ocurre en los supuestos de fuerza mayor, contemplada por la Ley como causa de exoneración».

67.   En un asunto de homologación de enseñanzas en actividades docentes de peluquería y estética, en la STS-ConAdvo 24 febrero 2024 (rec. 10869/1988) (MP Juan José González Rivas) (ECLI:ES:TS:2004:1196) se indica (F.J. 4º): «Así, del examen de las Sentencias del Tribunal Supremo de 7 de abril, 19 de mayo y 19 de diciembre 1989, entre otras, se infiere que el criterio esencial para determinar la antijuridicidad del daño o perjuicio causado a un particular por la aplicación de un precepto legal o normativo debe ser el de si concurre o no el deber jurídico de soportar el daño, ya que las restricciones o limitaciones impuestas por una norma, precisamente por el carácter de generalidad de la misma, deben ser soportadas, en principio, por cada uno de los individuos que integran el grupo de afectados, en aras del interés público. Por su parte, el Tribunal Constitucional, en SS. núms.37/1987, de 26 marzo, 65/1987, de 21 mayo, 127/1987, de 16 julio, 170/1989, de 19 octubre, y 41 y 42/1990, de 5 marzo, tiene declarado que no hay antijuridicidad ni, por tanto, derecho a indemnización en el ejercicio de las facultades del ordenamiento jurídico o de las potestades autoorganizatorias de los servicios públicos».

68.   LÓPEZ MENUDO, F., GUICHOT REINA, E. y CARRILLO DONAIRE, J.A., *La responsabilidad patrimonial de los poderes públicos*, Valladolid, Lex Nova, 2005, pp. 29 y ss.

que el daño derivado del funcionamiento del servicio público sea considerado antijurídico, basta con que el riesgo inherente a dicho funcionamiento haya superado los límites de tolerancia establecidos por los estándares de seguridad que impone la conciencia social[69].

En definitiva, para exigir responsabilidad patrimonial a la Administración pública por los daños causados no resulta necesario acreditar que los titulares o gestores de la actividad administrativa hayan actuado con dolo o culpa, ni siquiera que el funcionamiento del servicio público haya sido anómalo. El régimen jurídico aplicable, sustentado en preceptos constitucionales y legales, extiende la obligación de indemnizar incluso a los supuestos en los que el daño se ha producido en el marco de un funcionamiento normal de los servicios públicos, siempre que se trate de un perjuicio antijurídico que el administrado no tenga el deber jurídico de soportar.

Esta configuración de la responsabilidad patrimonial de la Administración no excluye la posible concurrencia de una responsabilidad disciplinaria del funcionario que haya causado el daño. No obstante, esta última es de carácter estrictamente interno y no puede ser ejercitada por los ciudadanos, aunque sean los directamente perjudicados, ya que el procedimiento sancionador administrativo se limita a la relación entre la Administración y el presunto infractor[70]. El ciudadano, en este

---

69. En apoyo de lo indicado, la ya citada STS ConAdvo 836/2022, 23 junio (rec. 2871/2021) (MP Wenceslao Francisco Olea Godoy) (ECLI:ES:TS:2022:2640), señala al respecto de la antijuricidad (F.J. 1º) que «(…) no aparece vinculada al aspecto subjetivo del actuar antijurídico, sino al objetivo de la ilegalidad del perjuicio, pero entendido en el sentido de que no exista un deber jurídico del perjudicado de soportarlo por la existencia de una causa de justificación en quien lo ocasiona, es decir, la Administración». Añade, además, que, en definitiva, «para apreciar si el detrimento patrimonial que supone para un administrado el funcionamiento de un determinado servicio público resulta antijurídico ha de analizarse la índole de la actividad administrativa y si responde a los parámetros de racionalidad exigibles».

70. Art. 27 Real Decreto 33/1986, de 10 enero, por el que se aprueba el Reglamento de Régimen Disciplinario de los funcionarios de la Administración del

contexto, únicamente puede presentar una denuncia, sin intervenir en el desarrollo del procedimiento[71].

Por esta razón, la responsabilidad patrimonial de la Administración se califica también como exclusiva: el perjudicado no puede dirigir directamente su reclamación contra la autoridad o el funcionario que originó el daño. La eventual responsabilidad del empleado público se canaliza a través de la acción de regreso, que constituye un mecanismo interno mediante el cual la Administración, una vez ha indemnizado al afectado, puede reclamar al funcionario responsable el reembolso del importe abonado[72]. En este procedimiento, el ciudadano perjudicado no tiene intervención alguna, ya que se trata de una relación jurídica distinta, circunscrita al ámbito interno de la Administración[73].

La ausencia de una adecuada sistematización en el régimen de responsabilidad patrimonial de la Administración provoca notables incoherencias jurídicas y una considerable ineficacia. Aunque este sistema se presenta como una institución racional sustentada en principios generales como el de la objetividad, en la práctica se configura como un modelo amplio, complejo

---

Estado.

71. PEÑA LÓPEZ, F., La vía de regreso: un medio a disposición de la Administración Pública (y su aseguradora) para exigir responsabilidad civil a su personal. *Práctica de Derecho de Daños*, 30, 2005 (pp. 5-29), pp. 5 y ss.
Son muy claras en tal sentido las STS-ConAdvo 1947/2024 (rec. 398/2024) (MP José Manuel Bandrés SánchezCruzat) (ECLI:ES:TS:2024:6183); STS-ConAdvo 1066/2004 (rec. 21/2023) (MP Eduardo Espín Templado) (ECLI:ES:TS:2024:3362); STS-ConAdvo 279/2023, 6 marzo (rec. 663/2022) (MP José Antonio Montero Fernández) (ECLI:ES:TS:2023:678); STS-ConAdvo 8 abril 2003 (rec. 635/2000) (MP Juan José González Rivas); STS-ConAdvo 26 octubre 2000 (rec. 6429/1993) (MP Manuel Campos Sánchez-Bordona); STS-ConAdvo 19 noviembre 1999 (rec. 45/1997) (MP Enrique Cáncer Lalanne); entre otras.

72. Art. 36,2 LRJSP.

73. DÍEZ SÁNCHEZ, J.J., Las acciones de regreso contra autoridades y funcionarios públicos. En J.A. Moreno Martínez (Coord.), *La responsabilidad civil y su problemática actual* (pp. 205-234), Madrid, Dykinson, 2007, pp. 220 y ss.; HERRERO DE EGAÑA ESPINOSA DE LOS MONTEROS, J.M., *La responsabilidad patrimonial de las autoridades...*, *ob. cit.*, pp. 14 y ss.

y difícil de delimitar, cuya efectividad depende de una interpretación judicial restrictiva. Esta situación genera un alto grado de incertidumbre sobre el resultado de los procesos judiciales, lo que a su vez produce costes indirectos y externalidades negativas, tales como un incremento en la litigiosidad, demoras en la resolución de los procedimientos y una escasa previsibilidad en las indemnizaciones. Asimismo, el enfoque restrictivo adoptado por los tribunales puede derivar en desigualdades en la aplicación del régimen, comprometiendo tanto la seguridad jurídica como el derecho de los ciudadanos a recibir una reparación efectiva por los daños sufridos.

Es razonable considerar que, en términos generales, el personal al servicio de la Administración no asume plenamente el coste derivado del régimen de responsabilidad patrimonial de la entidad para la que trabaja. Esto se debe a que no contribuyen personalmente al pago de las indemnizaciones, ni siquiera en aquellos casos en los que se cumplen los requisitos legales para que la Administración ejercite la acción de regreso, la cual se activa en muy contadas ocasiones. Esta situación genera una cierta falta de responsabilidad efectiva por parte de los empleados públicos, ya que la carga económica de los daños recae casi por completo en los fondos públicos, sin que existan incentivos efectivos para fomentar una mayor diligencia en el desempeño de sus funciones. Además, la dificultad práctica de acreditar la existencia de dolo, culpa o negligencia grave en su actuación convierte a la acción de regreso en una herramienta más teórica que real dentro del funcionamiento del sistema de responsabilidad patrimonial de la Administración.

Los recursos destinados a indemnizar a las víctimas y gestionar los litigios implican también un coste de oportunidad, ya que esos fondos no pueden ser utilizados en otras iniciativas o proyectos de interés público. Además, debe tenerse en cuenta el coste reputacional para quienes ocasionaron los daños, aunque este suele ser limitado en comparación con el impacto económico real para la Administración. El personal de la Administración tampoco asume plenamente los costes asociados a las medidas de precaución que adoptan para prevenir accidentes y responsabilidades futuras, lo que genera externalidades negativas derivadas de dichas medidas. En algunos casos, estas precauciones pueden traducirse en una sobrerregulación o en decisiones excesivamente conservadoras que limitan la eficiencia en la prestación de los servicios públicos, afectando tanto a la calidad como a la innovación en la gestión administrativa[74].

2.2. Acción de regreso y cobertura aseguradora

Para completar el análisis de los problemas jurisdiccionales que surgen en relación con los actos lesivos cometidos por el personal al servicio de las Administraciones Públicas, conviene tener en cuenta dos cuestiones adicionales: la acción de regreso y la existencia de seguros que cubren la responsabilidad civil de la Administración.

La acción de regreso, también conocida como acción de repetición, permite a la Administración reclamar al funcionario responsable el reembolso de la indemnización pagada a la víctima, siempre que se demuestre que su actuación se basó en dolo, culpa o negligencia grave. No obstante, en la práctica su uso es excepcional, debido tanto a las dificultades para acreditar la conducta reprochable como a la falta de voluntad política y a la escasa eficacia del sistema para recuperar los fondos públicos.

Por otro lado, la contratación de pólizas de seguros por parte de las Administraciones para cubrir su responsabilidad civil introduce un nuevo actor en el proceso: las compañías aseguradoras. La participación de estas entidades puede dar lugar a litigios adicionales relacionados con la delimitación del riesgo asegurado, el cálculo de la indemnización o la distribución de responsabilidades entre la Administración, el funcionario y la aseguradora. Todo ello contribuye a una mayor comple-

---

74.   DOMÉNECH PASCUAL, G. (2022). De nuevo sobre la responsabilidad patrimonial de la Administración por actos ilegales. A favor de la doctrina del margen de tolerancia, *Revista de Administración Pública*, 219, 2022 (pp. 59-106), pp. 95 y 96.

jidad en un sistema ya de por sí fragmentado, con escasa cohesión y limitada eficiencia.

2.2.1. La acción de regreso

En todos los supuestos en que la Administración haya indemnizado a un particular por los daños derivados de la actuación de un funcionario, entra en juego la denominada acción de regreso[75]. Como se desprende de lo expuesto anteriormente[76], para que la Administración pueda ejercitar esta acción contra el funcionario que hubiera actuado con dolo o culpa grave, es imprescindible que el perjudicado haya reclamado *directamente a la Administración Pública correspondiente la indemnización por los daños y perjuicios causados por las autoridades y personal a su servicio*, de conformidad con lo establecido en el artículo 36,1 de la LRJSP. Esto implica la existencia de un procedimiento administrativo o jurisdiccional[77] en el que, además de haberse establecido la obligación de la Administración de indemnizar al perjudicado, de conformidad con lo establecido en el artículo 36,2 LRJSP, se haya efectivamente *indemnizado a los lesionados*. Se requiere, por tanto, que se haya efectuado el pago de la compensación correspondiente al tercero perjudicado antes de que la Administración pueda dirigirse contra el funcionario responsable[78].

---

75.   Art. 36,2 LRJSP.
76.   Vid. *supra* 3.2.1. La caracterización de la responsabilidad de la Administración.
77.   Que el procedimiento sea administrativo o jurisdiccional dependerá de que la Administración haya reconocido la pretensión indemnizatoria en vía administrativa o de que se haya seguido un proceso judicial en el que haya sido condenada.
78.   En este sentido interpreta la STSJ Andalucía 1079/2015, 2 diciembre (rec. 597/2012) (F.J. 2º) (MP Eduardo Hinojosa Martínez) (ECLI: ES:TSJAND:2015:15526), que «debe tenerse también en cuenta que el sistema de responsabilidad patrimonial español encuentra uno de sus pilares básicos en su carácter directo, sin que, por lo tanto, los particulares puedan reclamar la correspondiente a autoridades y funcionarios (al menos en sede civil o contencioso-administrativa). Se-

El requisito de que la Administración haya abonado la indemnización antes de iniciar la vía de regreso es completamente lógico, ya que garantiza que el perjudicado reciba efectivamente la compensación antes de que se depuren responsabilidades internas. La Administración no puede dirigirse contra el empleado público hasta que haya cumplido con su obligación de resarcir al tercero afectado. La razón de ser de la acción de repetición es precisamente permitir que la Administración recupere el perjuicio económico que ha soportado al haber respondido ante terceros por los daños causados por su personal. De este modo, el sistema pretende equilibrar la protección del administrado con la exigencia de responsabilidad individual al funcionario que haya actuado con dolo o culpa grave[79]. Si la Administración cuenta con un seguro que cubra este tipo de daños y es la aseguradora quien indemniza al tercero afectado, no procederá la acción de repetición, ya que la Administración no habría sufrido directamente un perjuicio económico que justificaría su derecho a reclamar contra el funcionario responsable. Este aspecto introduce un matiz importante en la aplicación del régimen de responsabilidad patrimonial, ya que la existencia de un seguro puede modificar la dinámica de reparación del daño y afectar la responsabilidad final del funcionario[80].

---

gún el artículo 145 de la Ley 30/1992, de 26 de noviembre (art. 36 LRJSP), dicha responsabilidad solo podrá ser exigida por la propia Administración ulteriormente, una vez indemnizados los afectados, siempre que por parte de aquellos hubiera intervenido dolo o culpa grave en su actuación». Puede consultarse también, por ejemplo, entre otras, la STSJ Galicia504/2018, 21 noviembre (rec. 265/2018) (MP María Dolores Rivera Frade) (ECLI: ES:TSJGAL:2018:4864).
79.   Vid., en este sentido, LÓPEZ GIL, M., Paradojas procesales que plantea el ejercicio de la acción de regreso en el ámbito de la responsabilidad sanitaria. *Justicia: Revista de derecho procesal*, 1, 2021 (pp. 175-222), pp. 203 y 204.
80.   Art. 36,2 LRJSP y art. 43 LCS.
Ver, no obstante, las apreciaciones de PEÑA LÓPEZ, F., La vía de regreso: un medio, *ob cit.*, pp. 24 y ss., y más ampliamente, PEÑA LÓPEZ, F., *La culpabilidad en la responsabilidad civil extracontractual*, Granada, Comares, 2002, pp. 435 y ss.

La acción de regreso deberá llevarse a cabo mediante un procedimiento administrativo cuyo propósito es establecer si existe o no responsabilidad por parte del empleado público. Esta responsabilidad se dará cuando se pueda comprobar la existencia de dolo o negligencia grave. En este proceso, se ponderará *el resultado dañoso producido, el grado de culpabilidad, la responsabilidad profesional del personal al servicio de las Administraciones públicas y su relación con la producción del resultado dañoso* (artículo 36,2 de la LRJSP). Este procedimiento garantiza que el funcionario tenga derecho a la defensa y a presentar alegaciones antes de que se le imponga la obligación de resarcir a la Administración. No obstante, en la práctica, la Administración ejerce la acción de regreso de forma muy limitada, lo que refuerza la percepción de que el personal al servicio de la Administración no asume plenamente los costes de su conducta.

El conflicto de jurisdicciones únicamente se presentará cuando exista responsabilidad penal del funcionario y responsabilidad civil de la Administración. En estos casos, el procedimiento administrativo para la acción de regreso pierde relevancia, ya que, si hay una sentencia penal condenatoria, no es necesario volver a juzgar en el procedimiento administrativo el grado de dolo o culpa. La duplicidad de procesos genera problemas de coordinación e incoherencias en la interpretación de las normas, lo que lleva a que la Administración pública incurra en costes innecesarios. Esto se debe a que el grado de dolo o culpa ya ha sido determinado en el proceso penal, lo que convierte en redundante cualquier valoración posterior en el ámbito administrativo. Estos costes adicionales generan externalidades negativas, incrementando el coste total para la sociedad. Además, la falta de claridad en la delimitación de competencias puede derivar en retrasos y en un mayor desgaste tanto para la Administración como para los afectados, lo que afecta la eficiencia del sistema judicial y administrativo[81].

2.2.2. *La cobertura aseguradora en la responsabilidad de la Administración*

Además de la acción de regreso, otro factor que influye en la determinación de la jurisdicción competente es la existencia de un seguro de responsabilidad civil. No obstante, resulta significativo que, en las reclamaciones contra las Administraciones Públicas, rara vez se tenga en cuenta la cobertura de dicho seguro. Tampoco es habitual que se demande de forma conjunta a la Administración y a la aseguradora, ni ejercer la acción directa contra esta última[82]. Como consecuencia, el perjudicado no recibe la indemnización de manera inmediata, ya que debe esperar a que se resuelva el procedimiento administrativo o judicial contra la Administración. Además, pierde la oportunidad de reclamar los altos intereses previstos en el artículo 20 de la Ley de Contrato de Seguro (LCS), que establece intereses moratorios elevados en caso de retraso en el pago de la indemnización por parte de la aseguradora. Esto supone un perjuicio adicional para la víctima y un beneficio indirecto para la Administración, que, al no involucrar a la aseguradora desde el inicio, evita la carga financiera derivada de estos intereses[83].

La principal ventaja del aseguramiento de la responsabilidad patrimonial de la Administración es que permite el ejercicio de la acción directa contra la aseguradora, lo que facilita que el perjudicado obtenga una indemnización de manera más rápida y sin necesidad de acudir previamente a la Administra-

---

81. FERNÁNDEZ MÁRQUEZ, O., *Derecho de daños y responsabilidad vicaria del empleador,* Madrid, Dykinson, 2021, p, 150.

82. BUSTO LAGO, J.M., *La responsabilidad civil de las Administraciones...*, *ob. cit.*, pp. 17-67 y ss.

83. REGLERO CAMPOS, L.F., El seguro de responsabilidad civil. En L.F. Reglero (Coord.), *Tratado de Responsabilidad Civil* (pp. 721-844), Cizur Menor, Aranzadi, 2006, p. 821.

ción mediante un procedimiento administrativo, Además, el ejercicio de esta acción directa reduciría los costes de gestión asociados a la tramitación de los siniestros, ya que permite canalizar la responsabilidad de la Administración a través de la póliza del seguro. Esto optimiza el proceso de indemnización, agilizando los pagos y evitando la sobrecarga de los órganos administrativos y judiciales. Sin embargo, en la práctica, esta posibilidad no se explota plenamente, lo que genera demoras innecesarias y obliga a los perjudicados a seguir procedimientos más largos y complejos para obtener la reparación del daño sufrido[84].

El principal obstáculo en el ejercicio de la acción directa contra la aseguradora radica nuevamente en la determinación de la jurisdicción competente: si corresponde a la jurisdicción civil o a la jurisdicción contencioso-administrativa[85], lo que genera el temor a una posible condena en costas procesales en caso de error en la elección de la jurisdicción[86]. No obstante, según la normativa vigente, la competencia de la jurisdicción contencioso-administrativa es clara. El artículo 21,1,c) de la Ley 29/1998, de la Jurisdicción Contencioso-Administrativa, al regular la legitimación pasiva, considera parte demandada a *las aseguradoras de las Administraciones públicas, que siempre serán parte codemandada junto con la Administración a quien aseguren.* Del mismo modo, el artículo 9,4 LOPJ, al enumerar las pretensiones atribuidas a los tribunales del orden conten-

---

84.   GÓMEZ LIGÜERRE, C., Solidaridad y Derecho de Daños. Los límites de la responsabilidad colectiva, Madrid, Civitas, 2007, pp. 263 y ss.; ARQUILLO COLET, B., Seguro y responsabilidad patrimonial de la Administración Pública Sanitaria, *Revista InDret*, 1, 2004, pp. 1 y ss.
85.   BUSTO LAGO, J.M., *La responsabilidad civil de las Administraciones..., ob. cit.*, pp. 1786 y ss.; GÓMEZ LIGÜERRE, C., Sobre la posibilidad de que la víctima ejercite la acción directa contra la compañía aseguradora de la Administración pública. *Revista InDret*, 3, 2001, pp. 1 y ss.
86.   Tanto en el proceso civil, arts. 394 a 398 LEC, como en el proceso contencioso-administrativo, art. 139 Ley 29/1998, de la Jurisdicción Contencioso-Administrativa, las costas se imponen a la parte que haya visto rechazadas todas sus pretensiones.

cioso-administrativo, también prevé que *igualmente conocerán de las reclamaciones de responsabilidad cuando el interesado accione directamente contra la aseguradora de la Administración, junto a la Administración respectiva.*

Estos preceptos se refieren exclusivamente a los supuestos en que las aseguradoras son codemandadas junto con la Administración a la que prestan cobertura. No obstante, cuando se ejercita únicamente la acción directa contra la aseguradora, sin incluir en la demanda a la Administración presuntamente responsable del daño, parece razonable concluir que la jurisdicción competente sería la civil[87]. Esto se debe a que, al no requerirse un litisconsorcio pasivo necesario, la acción directa se articula sobre una solidaridad impropia indudablemente peculiar, lo que permite el ejercicio autónomo de cada acción pro-

---

87. En este sentido, vid. Blázquez Martín, R., Criterios relevantes de la Sala Primera del Tribunal Supremo sobre el proceso judicial de daños: jurisdicción, competencia, capacidad, legitimación, arquitectura de la demanda, contenido de la audiencia previa, prueba, efectos prejudiciales y acceso a los recursos extraordinarios. En M.J. Herrador Guardia (Dir.), *Derecho de daños (cuestiones actuales)* (pp. 121-161), Madrid, Francis Lefebvre, 2020, pp. 123 y 124.

También el ATS-ConflictosCompetencia 60/2004, 18 octubre (rec. 25/2004) (MP Jesús Corbal Fernández), declara competente el orden jurisdiccional civil cuando se ejercita una acción directa del art. 76 de la Ley de Contrato de Seguro. En el mismo sentido, con anterioridad, el ATS-ConflictosCompetencia 54/2004, 28 junio (rec. 70/2003) (MP Jesús Corbal Fernández). Y con posterioridad ATS-ConflictosCompetencia 2/2022, 2 marzo (rec. 12/2021) (MP José Luis Seoane Spiegelberg) (ECLI: ES:TS:2022:3581A), argumentando que el art. 35 LRJSP se refiere a la legislación administrativa aplicable, no al orden jurisdiccional competente.

En supuestos de responsabilidad médica, la jurisprudencia señala que la jurisdicción civil es la única competente para conocer de la acción directa contra la aseguradora y a ello no obsta que en el procedimiento intervenga voluntariamente la Administración sanitaria. En este sentido vid. STS-Civil 579/2019, 5 noviembre (rec. 1914/2017) (MP Eduardo Baena Ruiz) (ECLI:ES:TS:2019:3427); STS-Civil (Pleno) 321/2019, 5 junio (rec. 2992/2016) (MP Eduardo Baena Ruiz) (ECLI:ES:TS:2019:1840); STS-Civil 616/2013, 15 octubre (rec. 1578/2011 (MP José Antonio Seijas Quintana) (ECLI:ES:TS:2013:4953); SAP Madrid 199/2023, 19 mayo (rec. 74/2022) (MP Luis Aurelio Sanz Acosta) (ECLI:ES:APM:2023:8506) y SAP Madrid 200/2022, 19 mayo (rec. 729/2021) (MP María del Mar Crespo Yepes) (ECLI:ES:APM:2022:7255).

cesal[88]. Además, si se intentara ejercer la acción directa contra la aseguradora en el orden jurisdiccional contencioso-administrativo sin incluir a la Administración como codemandada, el tribunal debería inadmitir la demanda por defecto de jurisdicción, al no estar cumplido el requisito de la competencia[89].

---

88.   GARCÍA GARNICA, M.C., Las vías para reclamar ante una negligencia médica, *Revista de Derecho Civil Notarios y Registradores*, vol. 7, 1, 2020 (pp. 31-68), pp. 47 a 55.

89.   GAMERO CASADO, E., Los seguros de responsabilidad patrimonial de la Administración: recientes pactos y reformas, *La Ley*, 3, 2004, (pp. 1934-1939), pp. 19-34 y ss.; GARCÍA GARNICA, M.C., Las vías para reclamar ante una negligencia…, *ob. cit.*, pp. 42 a 44.

«El legislador —señala el TS— quiere que no quede resquicio alguno en materia de responsabilidad patrimonial de las Administraciones Públicas que permita el conocimiento del asunto a otro orden jurisdiccional, razón por la que atribuye a la contencioso-administrativa tanto el conocimiento de las acciones directas (dirigidas contra la Administración y su aseguradora), como las entabladas contra cualquier otra entidad, pública o privada, aunque las mismas, solo de una forma indirecta, sean responsables, junto a la Administración, de los daños y perjuicios causados, para reconocer una única excepción a este sistema en aquellos supuestos en que los perjudicados, al amparo del art. 76 LCS, se dirijan directa y exclusivamente contra la compañía aseguradora de una Administración pública, de forma que en estos casos el conocimiento de la acción corresponde a los tribunales del orden civil y ello por cuanto *en esta tesitura la competencia ha de corresponder necesariamente a la jurisdicción civil, pues no cabe acudir a los tribunales de lo contencioso-administrativo sin actuación u omisión administrativa previa que revisar ni Administración demandada que condenar*». ATS-ConflictosCompetencia 4/2013, 12 marzo (rec. 27/2012) (F.J. 2º) (MP José Antonio Seijas Quintana) (ECLI: ES:TS:2013:2888A).

En un caso de reclamación patrimonial por responsabilidad de médico del sistema público dirigida únicamente frente a la aseguradora de la Administración ejercitando la acción directa del art. 76 LCS, la STS-Civil 616/2013, 5 octubre (rec. 1578/2011) (F.J. 2º) (MP José Antonio Seijas Quintana) (ECLI:ES:TS:2013:4953) concluye que la competencia será del orden contencioso-administrativo sólo si se demanda conjuntamente a la Administración, con arreglo a la doctrina contenida en el Auto de la Sala de Conflictos de Competencia de 12 de marzo de 2013, puntualizando que «la comparecencia de la Administración en el proceso como interesada en el fracaso de la demanda dirigida únicamente contra la aseguradora, no altera la naturaleza de la acción ejercitada al amparo del artículo 76 de la Ley del Contrato de Seguro ni el régimen de competencia de la jurisdicción civil».

La coexistencia entre la responsabilidad patrimonial de la Administración pública, regida por el Derecho administrativo, y la acción directa contra la aseguradora, de naturaleza civil conforme a los artículos 73 y 76 LCS, ha sido un tema clásico de conflictos procesales jurisdiccionales. Las dudas que tradicionalmente han rodeado esta cuestión se han sido resolviendo por la jurisprudencia, a través de pronunciamientos tanto de la Sala Primera (de lo Civil) como de la Sala Tercera (de lo Contencioso-Administrativo), así como de la Sala Especial de Conflictos de Competencia del Tribunal Supremo[90]. Sin embargo, a pesar de la evolución jurisprudencial, las reformas legales sucesivas han generado nuevas discordancias normativas. Esto ha provocado que, incluso en la actualidad, persistan problemas en la determinación de la jurisdicción competente que aún no han sido resueltos por el Tribunal Supremo[91].

El afectado por un daño imputable a la Administración Pública puede optar por la vía administrativa para reclamar la correspondiente responsabilidad. Sin embargo, ello no le impide, si lo considera necesario, ejercer posteriormente una acción directa contra la aseguradora. Para ello, deben considerarse dos supuestos:

a) Primer supuesto: resolución administrativa firme.

---

90. Muestra de ello son los Autos de la Sala de Conflictos del Tribunal Supremo que se han pronunciado sobre esta cuestión: ATS-ConflictosCompetencia 5/2022, 27 abril (rec. 1/2022) (MP José Luis Seoane Spiegelberg) (ECLI:ES:TS:2022:7065A); ATS-ConflictosCompetencia 34/2021, 13 julio (rec. 21/2020) (MP Juan María Díaz Fraile) (ECLI:ES:TS:2021:10680A); ATSConflictoCompetencia 25/2021, 13 abril (rec. 19/2020) (MP Juan María Díaz Fraile) (ECLI:ES:TS:2021:5034A); ATS-Conflictos-Competencia 26/2017, 14 noviembre (rec. 17/2017) (MP Rafael Toledano Cantero) (ECLI:ES:TS:2017:10728A); ATS-ConflictosCompetencia 32/2014, 5 diciembre (rec. 24/2014) (MP María del Pilar Teso Gamella) (ECLI:ES:TS:2014:8316A) o ATS-ConflictosCompetencia 33/2014, 5 diciembre (rec. 26/2014) (MP María del Pilar Teso Gamella) (ECLI:ES:TS:2014:8314A).

91. BLÁZQUEZ MARTÍN, R., Criterios relevantes de la Sala Primera…, *ob. cit.*, p. 123.

Si la Administración ha reconocido su responsabilidad mediante una resolución firme ya sea porque se han agotado los recursos administrativos o porque el perjudicado no la ha impugnado, el afectado podrá ejercitar la acción directa contra la aseguradora. En este supuesto, el debate sobre la responsabilidad patrimonial de la Administración no podrá reabrirse en la vía civil mediante cuestión prejudicial, dado que ya existe un pronunciamiento administrativo firme. La aceptación expresa o tácita de dicha resolución por parte del perjudicado impide su ulterior revisión en sede judicial[92].

b) Segundo supuesto: sentencia firme de la jurisdicción contencioso-administrativa.

Si la responsabilidad de la Administración ha sido declarada mediante sentencia firme en la jurisdicción contencioso-administrativa, el perjudicado podrá interponer una acción directa contra la aseguradora. En este caso, el efecto de cosa juzgada

---

92.   En este sentido STS-Civil 358/2021, 25 mayo (rec. 3581/2018) (F.J. 3º) (MP Francisco Marín Castán) (ECLI:ES:TS:2021:2122) establece que «aunque la acción directa goce de autonomía procesal (al ser posible demandar exclusivamente a la aseguradora ante la jurisdicción civil sin que previamente se sustancie una reclamación en vía administrativa), la aseguradora no pueda quedar obligada más allá de la obligación del asegurado, pues la jurisdicción contencioso-administrativa es la única competente para condenar a la Administración mientras que la jurisdicción civil sólo conoce de su responsabilidad y consecuencias a efectos prejudiciales en el proceso civil». Además, «dado que igual que sería contrario a la legalidad que se utilizase la acción directa para impugnar el acto administrativo, que se había consentido, a los solos efectos indemnizatorios, también lo sería utilizar la acción directa contra el asegurador para conseguir que la jurisdicción civil declarase la responsabilidad de la Administración sanitaria asegurada por ser presupuesto para que responda la aseguradora tras haber devenido firme el acto administrativo que negó la existencia de dicha responsabilidad». Se reafirma así, con esta sentencia, la aplicación de la doctrina jurisprudencial asentada por la STS-Civil (Pleno) 321/2019, 5 junio (rec. 2992/2016) (MP Eduardo Baena Ruiz) (ECLI: ES:TS:2019:1840); STS-Civil 579/2019, 5 noviembre (rec. 1914/2017) (MP Eduardo Baena Ruiz) (ECLI:ES:TS:2019:3427); STS-Civil (Pleno) 473/2020, 17 septiembre (rec. 2752/2017) (MP José Luis Seoane Spiegelberg) (ECLI:ES:TS:2020:2849) y STS-Civil 501/2020, 5 octubre (rec. 5207/2017) (MP José Luis Seoane Spiegelberg) (ECLI:ES:TS:2020:3172).

impide cuestionar o modificar en la vía civil la responsabilidad patrimonial de la Administración, aun cuando la demanda se dirija exclusivamente contra la aseguradora. La resolución firme del órgano contencioso-administrativo tiene fuerza vinculante y no puede ser revisada en otro orden jurisdiccional[93].

Para mejorar la eficiencia y reforzar la seguridad jurídica en la determinación de la jurisdicción competente en las reclamaciones contra la Administración Pública, sería conveniente revisar el régimen jurídico aplicable al contrato de seguro cuando el asegurado sea una Administración. En este sentido, podría valorarse la eliminación de la posibilidad de ejercer la acción directa exclusivamente contra la aseguradora. Esta medida implicaría la supresión de un derecho autónomo que, en términos generales, asiste al perjudicado cuando el responsable del daño cuenta con un seguro de responsabilidad civil[94].

Cuando las Administraciones Públicas suscriben un seguro de responsabilidad civil para cubrir los riesgos derivados de su actividad, los perjudicados por un daño imputable a la Administración pueden, en virtud del artículo 76 de la LCS, ejercitar la acción directa contra la aseguradora. Sin embargo, este mecanismo plantea diversas dificultades procesales de relevancia. En primer lugar, la determinación de la jurisdicción competente para conocer dicha acción no siempre resulta clara, lo que puede generar incertidumbre y riesgos procesales para el perjudicado. En segundo lugar, la eficacia y las consecuencias del fallo en el proceso contra la aseguradora pueden verse condicionadas por la resolución previa que determine la responsabilidad patrimonial de la Administración. Finalmente, la intervención de los responsables o causantes del daño dentro del procedimiento también plantea interrogantes, en especial en lo que respecta a su papel dentro del litigio y a las posibles accio-

---

93. Acerca de esta posibilidad de pronunció la STS-Civil 71/2014, 25 febrero (rec. 673/2012) (MP José Antonio Seijas Quintana) (ECLI:ES:TS:2014:625).

94. JIMÉNEZ LÓPEZ, M.N., *Los procesos por responsabilidad civil médico-sanitaria*, Madrid, Tecnos, 2011, p. 122; BUSTO LAGO, J.M., *La responsabilidad civil de las Administraciones...*, *ob. cit.*, pp. 17-67 y ss.

nes de repetición que la aseguradora pudiera ejercer, tanto contra la Administración asegurada como contra los sujetos directamente responsables de la lesión.

Es innegable que las disfunciones procesales derivadas del ejercicio de la acción directa y de las acciones de regreso en el ámbito del seguro de responsabilidad de la Administración Pública requieren una solución normativa que garantice la tutela judicial efectiva. La falta de una regulación precisa sobre la jurisdicción competente genera incertidumbre, incrementa los costes procesales y puede menoscabar el derecho del perjudicado a una indemnización rápida y eficaz. En este contexto, resulta imprescindible emprender una reforma legislativa que esclarezca de manera definitiva el orden jurisdiccional competente en estos supuestos. Dicho cambio normativo deberá priorizar la protección del tercero perjudicado, evitando que éste deba asumir los costes económicos y temporales derivados de la actual indefinición normativa. Asimismo, el nuevo marco legal deberá asegurar la coherencia del sistema de responsabilidad patrimonial de la Administración Pública, garantizando que los mecanismos de compensación cumplan de forma eficiente con los objetivos del sistema de responsabilidad patrimonial frente a los ciudadanos[95].

---

95.   A favor de la jurisdicción contencioso-administrativa, MIR PUIGPELAT, O., *La jurisdicción competente en materia de responsabilidad patrimonial de la Administración: una polémica que no cesa*, *Revista InDret*, 3, 2003, p. 21, ya indicó que una posible solución a los problemas planteados consistiría en establecer la obligatoriedad de demandar conjuntamente a la Administración y su aseguradora ante el orden jurisdiccional contencioso-administrativo, ya que «el litisconsorcio pasivo necesario es la única forma de garantizar que todos los implicados (víctima, Administración y aseguradora) estén presentes en el mismo proceso judicial, y sólo su presencia conjunta permite satisfacer de forma adecuada todos los intereses en juego». Argumenta a favor de su propuesta que el litisconsorcio evitaría sentencias contradictorias sobre unos mismos hechos, garantizaría que la víctima perciba en un solo proceso la reparación íntegra del daño sufrido (incluso en el caso de que la suma asegurada sea inferior al daño ocasionado), reforzaría la efectividad del pago de la indemnización (serían dos los patrimonios que responderían del pago), impediría que se declare la responsabilidad de la Administración o de la aseguradora sin que se las escuche, sin

_____

que se pronuncien sobre respectivamente su responsabilidad extracontractual o contractual y permitiría que todas las cuestiones atinentes al surgimiento de la responsabilidad patrimonial de la Administración y a la cobertura del contrato de seguro, tan estrechamente relacionadas entre sí (el nacimiento de responsabilidad administrativa es presupuesto necesario aunque no suficiente para que surja la del asegurador), sean planteadas y dilucidadas en un mismo proceso judicial, evitándose pleitos posteriores y ahorrándose, con ello, costes terciarios o de administración.

A favor de la jurisdicción civil YZQUIERDO TOLSADA, M., Comentario de la sentencia del Tribunal Supremo de 5 de junio de 2019 (321/2019): la acción directa contra el asegurador de la Administración no permite una petición por cuantía superior a la fijada en el procedimiento administrativo firme, *Comentarios a las sentencias de unificación de doctrina (Civil y Mercantil)*, 11, 2019 (pp. 339-346), p. 346, para lo que propone modificar el art. 9.4 de la LOPJ reconociendo la competencia exclusiva del orden jurisdiccional civil cuando las acciones se dirijan de manera exclusiva frente a la aseguradora de la responsabilidad patrimonial de la Administración. Defiende su postura pues entiende que la competencia del orden jurisdiccional civil «se puede afirmar merced a una deducción interpretativa, unido al inequívoco apoyo del art. 42.1 LEC. Una deducción que consiste en decir que, si la ley reside en la jurisdicción contencioso-administrativa el conocimiento de las reclamaciones contra Administración asegurada y su asegurador, es porque quiere excluir esa competencia cuando se reclama sólo contra este último».

V. EL CONFLICTO PROCESAL EN EL ÁMBITO DE LA JURISDICCIÓN LABORAL

La determinación del orden jurisdiccional competente resulta especialmente problemática cuando se trata de establecer si los daños causados por el trabajador se han producido dentro del marco de la relación laboral o al margen de ella, así como si dichos daños guardan relación con la normativa laboral. Esta confluencia entre los órdenes jurisdiccionales social y civil plantea un problema significativo, pues implica la aplicación de diferentes regímenes de responsabilidad. Como consecuencia, se dificulta una resolución coherente de los casos y se genera una considerable inseguridad jurídica, lo que complica aún más la correcta administración de justicia en este tipo de supuestos.

1. DISCREPANCIAS ENTRE LAS SALAS DEL TRIBUNAL SUPREMO

En materia de reclamaciones indemnizatorias por daños ocasionados en accidentes laborales, la Sala Social del Tribunal Supremo no ha cuestionado la competencia de la jurisdicción social[96]. Como afirmaron hace años CAVANILLAS y TAPIA *la expresión «responsabilidad civil» no significa responsabilidad residenciable ante la jurisdicción civil, sino simplemente responsabilidad no criminal, sin prejuzgar su naturaleza (contractual o extracontractual) ni la jurisdicción competente (laboral o civil)*[97].

Por otro lado, la Sala Civil del Tribunal Supremo ha sostenido que la competencia corresponde al orden jurisdiccional civil[98]. En algunos casos, esta postura se ha fundamentado en argumentos procesales, sugiriendo que podría generarse una incongruencia si no se respeta la relación jurídica formal establecida entre las partes, cuando la reclamación se basa en responsabilidad civil extracontractual[99]. En otros supuestos, la

---

96. GÓMEZ LIGÜERRE, C., Responsabilidad civil y responsabilidad laboral..., *ob. cit.*, p. 14; MARTÍN CASALS, M. y RIBOT IGUALADA, J., «Technological Change and the Development of Liability for Fault in Spain». En M. **Martin Casals** (Ed.). *«The Development of Liability in Relation to Technological Change»*, vol. 4. Cambridge, Cambridge University Press, 2010, pp. 227 y ss.

En un accidente de trabajo sufrido por el trabajador en ejecución del contrato de trabajo, la STS-Social 1402/1990, 15 noviembre (F.J. 3º) (MP Víctor Eladio Fuentes López) (advertir en CENDOJ duplicidad en el indicador europeo de jurisprudencia ECLI:ES:TS:1990:17478 - ECLI:ES:TS:1990:8255) señala que «es indudable que estamos ante un conflicto individual dimanante de aquél (del contrato de trabajo), surgido como consecuencia de las relaciones de trabajo y por tanto por imperativo del art. 1.1 L.P.L. competencia de este orden jurisdiccional social; la Sala en Sentencia de 6 de octubre de 1989 (MP Juan Carlos Fernández López) , ya se pronuncia en un supuesto similar en el mismo sentido; la compatibilidad establecida en el art. 97.3 de la Ley General de la Seguridad Social entre la responsabilidad civil y la laboral, no excluye de ninguna manera que no sea el órgano jurisdiccional social el competente para el conocimiento tanto de una como de otra».

97. CAVANILLAS MÚGICA, S. y TAPIA FERNÁNDEZ, I., *La concurrencia de responsabilidad contractual y extracontractual. Tratamiento sustantivo y procesal,* Madrid, Centro de Estudios Ramón Areces, 1995, p. 84.

98. LUQUE PARRA, M. y RUIZ GARCÍA, J.A., Accidentes de trabajo, responsabilidad civil y competencia de jurisdicción Comentario de la STS, 1ª, 8.10.2001. *Revista InDret*, 3, 2002, p. 6.

99. Como ya apuntó la STS-Civil 5 julio 1983 (MP Mariano Martín-Granizo Fernández): *«esa unidad de culpa civil (...) puesta en conexión con los principios*

justificación ha sido de carácter sustantivo, al considerar que la responsabilidad del empresario por accidentes laborales tiene naturaleza extracontractual, al abarcar hechos que trascienden el marco estricto del contrato de trabajo[100]. Asimismo, en ciertas ocasiones, se ha invocado el principio de *vis atractiva* del orden civil, conforme a lo dispuesto en el artículo 9,2 de la LOPJ[101].

Este conflicto de jurisdicciones motivó que, en la década de los 90 del siglo pasado, la Sala Especial de Conflictos del Tribunal Supremo estableciera el criterio según el cual la jurisdicción social es la competente para conocer de las reclamaciones por daños y perjuicios derivados de accidentes laborales[102]. Aunque en resoluciones posteriores se mantuvo[103] y se consolidó[104] este criterio, la cuestión sobre la jurisdicción competen-

---

procesales de instancia de parte y congruencia imponen al juzgador la necesidad de atenerse a la acción ejercitada (...) razón por la cual y como se indica entre otras en la sentencia de esta Sala de 30 diciembre 1980, aun existiendo una sola relación contractual el Tribunal ha de respetar la relación jurídica formal establecida por las partes SS. de 3 noviembre 1976 y 24 junio 1969 a menos de incidir en incongruencia».
Con posterioridad STS-Civil 341/2006, 30 marzo (rec. 3422/1999) (F.J. 1º) (MP Ignacio Sierra Gil de la Cuesta) (ECLI:ES:TS:2006:1836): «es doctrina jurisprudencial consolidada la de que el juzgador pueda intercambiar dichas acciones de responsabilidad contractual y extracontractual sin necesidad de incurrir en incongruencia, así por todas las sentencias de 18 de febrero de 1997 y de 8 de abril de 1999».
En relación con el principio de unidad de culpa y congruencia de la sentencia, vid. STS-Civil 798/2021, 22 noviembre (rec. 5923/2018) (MP Pedro José Vela Torres) (ECLI:ES:TS:2021:4233).
100.   Arts. 1902 y ss. CC.
101.   Gómez Ligüerre, C., *Derecho aplicable y jurisdicción competente...*, ob.cit., pp. 258 a 264.
102.   ATS-ConflictosCompetencia 23 diciembre 1993 (rec. 8/1993) (MP Alfonso Barcala Trillo-Figueroa).
103.   ATS-ConflictosCompetencia 4 abril 1994 (rec. 17/1993) (MP Juan Antonio Linares Lorente).
104.   ATS-ConflictosCompetencia 10 junio 1996 (rec. 1/1996) (MP Antonio Gullón Ballesteros).

te siguió siendo un tema controvertido[105]. Esto se debe a que dichas resoluciones no tienen carácter doctrinal vinculante, lo que permitió que la Sala Civil del Tribunal Supremo mantuviera su postura[106]. Paralelamente, la Sala Social continuó atribuyendo los accidentes laborales al orden jurisdiccional social[107], aunque sin definir de manera definitiva la naturaleza de la responsabilidad aplicable en estos casos[108].

No fue hasta finales de los años 90 cuando el criterio de la Sala de Conflictos de Competencia del Tribunal Supremo comenzó a influir en la Sala Civil. Esto llevó al establecimiento de una nueva línea jurisprudencial que excluía la competencia de la jurisdicción civil en aquellos casos en los que la reclamación indemnizatoria se fundamentaba en el incumplimiento de normas laborales[109]. Sin embargo, posteriormente la Sala Civil re-

---

105. DÍEZ-PICAZO GIMÉNEZ, G., *Los riesgos laborales. Doctrina y jurisprudencia,* Madrid, Civitas, 2007, pp. 239 y ss.

106. STS-Civil 1048/95, 4 diciembre (rec. 1896/1992) (MP Eduardo Fernández-Cid de Temes) (ECLI:ES:TS:1995:6135); STS-Civil 71/2002, 15 julio (rec. 240/1997) (MP Román García Varela) (ECLI:ES:TS:2002:5306); STS-Civil 385/2003, 22 abril (rec. 2752/1997) (MP Román García Varela) (ECLI:ES:TS:2003:2793); STS-Civil 1064/2004, 12 noviembre (rec. 3023/1998) (MP Román García Varela) (ECLI:ES:TS:2004:7346) y STS-Civil 915/2006, 4 octubre (rec. 4683/1999) (MP Román García Varela) (ECLI:ES:TS:2006:5697).

107. STS-Social 24 mayo 1994 (rec. 2249/1993) (MP Aurelio Desdentado Bonete) (ECLI:ES:TS:1994:4031); STS-Social 27 junio 1994 (rec. 2162/1993) (MP Pablo Manuel Cachón Villar) (ECLI:ES:TS:1994:4939); STS-Social 3 mayo 1995 (rec. 2418/1995) (MP Enrique Álvarez Cruz) (ECLI:ES:TS:1995:2485); STS-Social 30 septiembre 1997 (rec. 22/1997) (MP Leonardo Bris Montes) (ECLI:ES:TS:1997:5749); STS-Social 2 febrero 1998 (rec. 124/1997) (MP Pablo Manuel Cachón Villar) (ECLI:ES:TS:1998:585); STS-Social 23 de junio de 1998 (rec. 2426/1996) (MP Luis Gil Suarez) (ECLI:ES:TS:1998:4167); STS-Social 1 diciembre 2003 (rec. 239/2003) (MP Mariano Sampedro Corral) (ECLI:ES:TS:2003:7652) y 22 de junio de 2005 (rec. 786/2004) (MP Víctor Eladio Fuentes López) (ECLI:ES:TS:2005:4087).

108. STS-Social 10 diciembre 1998 (rec. 4078/1997) (MP Jesús González Peña) (ECLI:ES:TS:1998:7452); STS-Social 1 diciembre 2003 (rec. 239/2003) (MP Mariano Sampedro Corral) (ECLI:ES:TS:2003:7652) y STS-Social 22 junio 2005 (rec. 786/2004) (MP Víctor Eladio Fuentes López) (ECLI:ES:TS:2005:4087).

109. En este sentido, STS-Civil 24 diciembre 1997 (rec. 3219/1993) (MP Antonio Gullón Ballesteros) (ECLI:ES:TS:1997:7985), STS-Civil 2015/1997, 26 diciem-

tomó su criterio tradicional, asumiendo su competencia en aquellos casos en los que el daño se producía fuera de la órbita de lo rigurosamente pactado en el contrato de trabajo[110]. En función del *petitum* de la demanda, la Sala Civil reconocía la competencia de la jurisdicción civil si la reclamación se fundamentaba en la culpa extracontractual de los empresarios, conforme a los artículos 1902 y 1903 del Código Civil[111], y atribuía la competencia a la jurisdicción laboral[112] cuando la demanda

bre (rec. 3068/1993) (MP Francisco Morales Morales) (ECLI:ES:TS:1997:8003), STS-Civil 109/1998, 10 febrero (rec. 505/1994) (MP Luis Martínez-Calcerrada Gómez) (ECLI:ES:TS:1998:860) y STS-Civil 244/1998, 20 marzo (rec. 741/1994) (MP Luis Martínez-Calcerrada Gómez) (ECLI:ES:TS:1998:1865).

110.   En cuanto a la competencia del orden jurisdiccional civil para conocer reclamaciones derivadas de accidente laboral, pueden consultarse STS-Civil 919/1988, 13 octubre (rec. 2009/1994) (MP Román García Varela) (ECLI:ES:TS:1998:5837); STS-Civil 1072/1998, 24 noviembre (rec. 2291/1994) (MP Jesús Marina MartínezPardo) (ECLI:ES:TS:1998:6993); STS-Civil 1100/1998, 30 noviembre (rec. 2346/1994) (MP Román García Varela) (ECLI:ES:TS:1998:7140); STS-Civil 1167/1998, 18 diciembre (rec. 2178/1994) (MP Eduardo FernándezCid de Temes) (ECLI:ES:TS:1998:7742); STS-Civil 48/1999, 1 febrero (rec. 2573/1994) (MP Jesús Marina MartínezPardo) (ECLI:ES:TS:1999:526); STS-Civil 309/1999, 10 abril (rec. 3111/1994) (MP Alfonso Barcala Trillo-Figueroa) (ECLI:ES:TS:1999:2397); STS-Civil 631/1999, 13 julio (rec. 3619/1994) (MP Román García Varela) (ECLI:ES:TS:1999:5028); STS-Civil 1110/1999, 30 noviembre (rec. 1110/1995) (MP Román García Varela) (ECLI:ES:TS:1999:7649); STS-Civil 188/2000, 2 marzo (rec. 1811/1995) (MP Francisco Marín Castán) (ECLI:ES:TS:2000:1650); STS-Civil 537/2000, 26 mayo (rec. 2114/1995) (MP José de Asís Garrote) (ECLI:ES:TS:2000:4265) y STS-Civil 911/2001, 8 octubre (rec. 1869/1996) (MP Francisco Marín Castán) (ECLI:ES:TS:2001:7676).

111.   STS-Civil 798/2006, 20 julio (rec. 4961/1999) (MP Pedro González Poveda) (ECLI:ES:TS:2006:4425) y STS-Civil 915/2006, 4 octubre (rec. 4683/1999) (MP Román García Varela) (ECLI:ES:TS:2006:5697).

112.   STS-Civil 95/2000, 11 febrero (rec. 1388/1995) (MP Francisco Morales Morales) (ECLI:ES:TS:2000:990); STS-Civil 535/2009, 30 junio (rec. 1554/2004) (MP Ignacio Sierra Gil de la Cuesta) (ECLI: ES:TS:2009:4430); STS-Civil 66/2010, 25 febrero (rec. 246/2005) (MP Francisco Marín Castán) (ECLI: ES:TS:2010:784) y STS-Civil 111/2012, 27 febrero (rec. 1421/2008) (MP José Antonio Seijas Quintana) (ECLI: ES:TS:2012:1079).

se basaba exclusivamente en la infracción de normas labora-les[113].

Un paso decisivo para que la Sala Civil reorientara de nuevo su línea decisoria se produjo cuando la Sala de Conflictos, re-capitulando criterios previos, concluyó en el auto de 28 de fe-brero de 2007 que la competencia correspondía al orden social de la jurisdicción. En dicho auto, la Sala destacó que lo relevan-te era que el daño se imputara a un «ilícito laboral y no civil», el cual podría derivar tanto de lo pactado en el contrato de trabajo como de lo impuesto por la normativa laboral. Esta distinción permitió que se consolidara una interpretación más coherente en cuanto a la determinación del orden jurisdiccio-nal competente, priorizando la naturaleza del ilícito en cues-tión. Cuando el artículo 9,5 de la LOPJ establece que son com-petentes los jueces y tribunales de lo social para conocer las pretensiones que se promuevan dentro de la rama social del Derecho, tanto en conflictos individuales como colectivos, debe interpretarse que, si se comete un ilícito laboral, estamos dentro de la esfera de la *rama social del Derecho*. Esto implica que, en caso de que el daño sea consecuencia de un acto ilíci-to relacionado con la normativa laboral, la jurisdicción compe-tente será la social, dado que dicho ilícito encaja en el ámbito del Derecho laboral. «El orden jurisdiccional civil *únicamente opera cuando el daño sobrevenido no se produce con motivo u ocasión del trabajo, sino que se vincula a una conducta del empleador ajena al contenido obligacional del contrato de trabajo*»[114].

---

113. STS-Civil 250/2006, 6 marzo (rec. 2574/1999) (MP José Almagro Nosete) (ECLI:ES:TS:2006:1048); STS-Civil 479/2006, 4 mayo (rec. 2855/1999) (MP Cle-mente Augur Liñán) (ECLI:ES:TS:2006:2869) y STS-Civil 917/2006, 28 septiem-bre (rec. 4461/1999) (MP Pedro González Poveda) (ECLI:ES:TS:2006:5730).

114. En un supuesto de reclamación frente al empresario por fallecimiento de un trabajador al precipitarse al vacío en una obra, el ATS-ConflictosCompeten-cia 13/2007, 28 febrero (rec. 367/2006) (F.J. 3º) (MP Jorge Agustí Juliá), estable-ce la competencia de la jurisdicción social para conocer de las reclamaciones in-demnizatorias por accidente de trabajo, si bien el Magistrado Xavier O' Callaghan Muñoz formula voto particular por entender, en esencia, que si la demanda no

Este razonamiento fue adoptado por la Sala Civil en su sentencia del 15 de enero de 2008, lo que permitió una aproximación al criterio sostenido por la Sala Social. En dicha sentencia, se estableció la doctrina según la cual, conforme lo dispuesto en el art. 9 LOPJ, *las reclamaciones por responsabilidad del empresario que sean consecuencia del incumplimiento del contrato de trabajo deben ser competencia de la jurisdicción social*[115].

En definitiva, el criterio establecido por la Sala Civil permite que la jurisdicción social sea competente para determinar la responsabilidad cuando los daños ocasionados se deben al incumplimiento de normas laborales que obligan al empresario como empleador, y cuyo cumplimiento habría evitado el accidente. Por otro lado, otorga competencia a la jurisdicción civil en los casos en los que los daños no estén relacionados con la existencia de una relación laboral entre el causante y la víctima, sino que se funden en una responsabilidad extracontractual o en otro tipo de responsabilidad ajeno a la normativa laboral[116].

El giro adoptado por la Sala Primera del Tribunal Supremo en su jurisprudencia, al vincular la determinación del orden jurisdiccional competente al contenido del *petitum* de la demanda, resulta cuestionable. Mientras la Sala Cuarta venía asumiendo la competencia para conocer de las acciones de responsabilidad por daños surgidos en el contexto de una relación laboral, la Sala Primera afirmaba la competencia de la jurisdicción civil cuando la pretensión se fundaba en la responsabili-

---

se funda en el incumplimiento de las obligaciones del empresario derivadas del contrato de trabajo sino en la culpa extracontractual del artículo 1902 Código Civil, la competencia corresponde al orden jurisdiccional civil.

115. STS-Civil 1395/2008, 15 enero (rec. 2374/2000) (F.J. 5°) (MP Encarnación Roca Trías) (ECLI:ES:TS:2008:830).

116. Gómez Ligüerre, C., Responsabilidad civil y responsabilidad laboral…, *ob. cit.*, pp. 17 y ss., aborda el problema de la concurrencia de trabajadores y extraños a la relación laboral, a la luz de la solución propuesta por la sentencia civil del caso «Uralita».

dad extracontractual del empresario, conforme a los artículos 1902 y 1903 del Código Civil. A su vez, reservaba la competencia a la jurisdicción social en aquellos supuestos en que la reclamación se basaba exclusivamente en la infracción de normas laborales. Esta disparidad de criterios entre ambas Salas en materia de competencia genera inseguridad jurídica y añade complejidad al acceso a la tutela judicial efectiva, al carecerse de una doctrina uniforme que aborde de manera integral las múltiples situaciones que pueden dar lugar a reclamaciones indemnizatorias en el ámbito de las relaciones de trabajo[117].

Este enfoque dual, que permite al demandante optar por una u otra jurisdicción, da lugar a un problema de inseguridad jurídica, puesto que los criterios empleados para resolver cuestiones sustancialmente idénticas difieren entre las jurisdicciones civil y social. Esta cuestión se puso de relieve en el Informe del Consejo General del Poder Judicial (CGPJ) sobre «Siniestralidad laboral: análisis de la respuesta jurisdiccional», elevado al

---

117.   GÓMEZ LIGÜERRE, C., *Derecho aplicable y jurisdicción competente…*, *ob. cit.*, p. 269; REGLERO CAMPOS, L.F., Conceptos generales y elementos de delimitación. En L.F. Reglero (Coord.), *Tratado de Responsabilidad Civil* (pp. 63-210), Cizur Menor, Aranzadi, 2006, pp. 164 y ss.

La vigente Ley 36/2011, de 10 de octubre, reguladora de la jurisdicción social establece en su art. 1, con carácter general, que *«Los órganos jurisdiccionales del orden social conocerán de las pretensiones que se promuevan dentro de la rama social del Derecho, tanto en su vertiente individual como colectiva, incluyendo aquéllas que versen sobre materias laborales y de Seguridad Social, así como de las impugnaciones de las actuaciones de las Administraciones públicas realizadas en el ejercicio de sus potestades y funciones sobre las anteriores materias».* Y en su art. 2, letra b, concretó el principio general aplicándolo a las reclamaciones de cualquier índole derivadas de una contingencia profesional, al establecer que *«Los órganos jurisdiccionales del orden social, por aplicación de lo establecido en el artículo anterior, conocerán de las cuestiones litigiosas que se promuevan: b) En relación con las acciones que puedan ejercitar los trabajadores o sus causahabientes contra el empresario o contra aquéllos a quienes se les atribuya legal, convencional o contractualmente responsabilidad, por los daños originados en el ámbito de la prestación de servicios o que tengan su causa en accidentes de trabajo o enfermedades profesionales, incluida la acción directa contra la aseguradora y sin perjuicio de la acción de repetición que pudiera corresponder ante el orden competente».*

Pleno del CGPJ el 17 de enero de 2007[118]. El informe recoge las principales diferencias en la forma de resolver los asuntos entre los distintos órdenes jurisdiccionales. Se señala que la Sala de lo Civil tiende a aplicar una responsabilidad cuasiobjetiva, basándose en la teoría del riesgo y la inversión de la carga de la prueba, lo que implica una presunción de responsabilidad en ciertos casos[119]. En cambio, la Sala de lo Social fundamenta la responsabilidad en la existencia de culpa, sin proceder a la inversión de la carga de la prueba. Estas diferencias pueden dar lugar a resultados dispares en situaciones similares, lo que refuerza la inseguridad jurídica y complica la resolución de los casos para los perjudicados[120]. Pero las discre-

---

118.   El citado informe del CGPJ se encuentra disponible en (https://www.poderjudicial.es/cgpj/es/Poder-Judicial/Consejo-General-del-Poder-Judicial/Actividad-del-CGPJ/Estudios/Siniestralidad-laboral---analisis-de-la-respuesta-jurisdiccional--Estudio-del-Consejo-General-del-Poder-Judicial-).

119.   En este sentido la STS-Civil 1118/2008, 19 noviembre (rec. 1669/2002) (F.J. 2°) (MP Ignacio Sierra Gil de la Cuesta) (ECLI:ES:TS:2008:5993)

120.   STS-Social 2 febrero 1998 (rec. 124/1997) (MP Pablo Manuel Cachón Villar) (ECLI:ES:TS:1998:585) y STS-Social 2 octubre 2000 (rec. 2393/1999) (MP Fernando Salinas Molina) (ECLI:ES:TS:2000:6957), si bien se le formula voto particular.

En concreto en la STS-Social 17 julio 2007 (rec. 513/2006) (F.J. 9°) (MP Luis Fernando de Castro Fernández) (ECLI:ES:TS:2007:6502) se afirma «la doctrina de la Sala ha rechazado el carácter objetivo o cuasiobjetivo de la responsabilidad contractual o aquiliana [base de la singularidad de tratamiento en la indemnización tasada del Texto Refundido de la LRCSCVM], puesto que ese carácter, que imputa los daños a quien obtiene el beneficio con los medios productores del riesgo, y que prácticamente se convierte en objetiva si se le añade la inversión de la carga de la prueba, tiene pleno sentido en el campo civil cuando «se contemplan daños a terceros ajenos al entramado social que se beneficia de este progreso»; pero «la cuestión cambia radicalmente de aspecto» cuando el avance tecnológico y sus beneficios alcanzan tanto al empresario como a los trabajadores», pues al perseguir aquél «su propia ganancia crea un bien social, como son los puestos de trabajo», por lo que «en esta caso la solución es la creación de una responsabilidad estrictamente subjetiva» (…). Lo que ciertamente no excluye añadimos ahora la racional aplicación de las normas sobre la carga de la prueba, y más específicamente la relativa a la disponibilidad y facilidad probatoria (art. 217.6 LEC) que ha de evitar situaciones de real desprotección en la defensa de

pancias se extienden también al importe de las indemnizaciones, lo que podría generar dificultades en la estimación de las costas procesales. Según la Sala de lo Civil, la indemnización total es independiente de las prestaciones de la Seguridad Social, lo que implica que estas no deben influir en la determinación de la indemnización, permitiendo la acumulación de indemnizaciones[121]. Por el contrario, la Sala de lo Social considera que las prestaciones de la Seguridad Social deben compensar el lucro cesante derivado de la pérdida del salario, aunque no cubren otros daños originados por el accidente. En este sentido, se sostiene que, en acciones de responsabilidad por daños, las prestaciones de la Seguridad Social deben ser descontadas de la indemnización, pero se reconoce que el «recargo de prestaciones» a cargo del empresario no puede ser descontado, ya que su naturaleza se asemeja a la de una sanción y tiene como finalidad asegurar la compensación completa de los perjuicios sufridos por el afectado[122].

2. CONCURRENCIA DE PARTES DEMANDADAS Y DEMANDANTES

La cuestión relativa a la jurisdicción competente para conocer y resolver las reclamaciones por daños no queda completamente resuelta con lo expuesto en el apartado anterior. En primer lugar, la elección de jurisdicción por parte del demandante se ve notablemente dificultada en supuestos de pluralidad de demandados, especialmente cuando el daño involucra tanto al empresario como a terceros ajenos a la relación labo-

---

los intereses legítimos de los trabajadores accidentados o de sus causahabientes».

121.   CARRANCHO HERRERO, M.T., *Responsabilidad civil del empresario en el ámbito de los riesgos laborales,* Madrid, La Ley, 2010, pp. 269 y ss.

122.   MOLINER TAMBORERO, G., La culpa como criterio de imputación en accidentes de trabajo. La delimitación de responsabilidades. En M.J. Herrador Guardia (Coord.), *Derecho de Daños* (pp. 681-725), Madrid, Sepin, 2011, pp. 694 y ss.

ral. Este escenario se presenta, por ejemplo, cuando se formula una reclamación en la que concurren como posibles responsables el empresario, un director técnico de la obra, otro trabajador implicado en el accidente (como un operario que manejaba una máquina) o incluso un cliente de la empresa que, de algún modo, haya participado en el siniestro (como en el caso de un vehículo que colisiona con el lugar de trabajo). En estos casos, el demandante se ve obligado a optar por una jurisdicción, lo que genera una evidente incertidumbre respecto a cuál resulta más adecuada para resolver las distintas pretensiones indemnizatorias que se entrelazan en el conflicto[123]. En segundo lugar, se plantea una dificultad adicional cuando concurren reclamaciones de diferentes demandantes dentro de un mismo procedimiento. En este contexto, algunos de los perjudicados pueden ser trabajadores con vínculo laboral con el empresario, mientras que otros carecen de dicha relación, lo que introduce una nueva fuente de inseguridad jurídica en cuanto a la determinación de la jurisdicción competente. Ello obliga a distinguir entre las reclamaciones que deben tramitarse ante el orden social y aquellas que corresponden al orden civil, complicando aún más la articulación procesal de este tipo de demandas[124].

2.1. Pluralidad de demandados: procedimiento único o elección de jurisdicción

Existen situaciones en las que, a raíz de un único accidente laboral, pueden estar involucrados diversos sujetos relacionados el trabajador que ha sufrido el daño a través de vínculos de

---

123.   Sempere Navarro, A.V., ¿Cuál es la jurisdicción competente para determinar la responsabilidad civil del empresario derivada de accidente de trabajo? *Aranzadi Social*, 1, 2008, disponible en base datos Aranzadi, BIB 2008\494; Molins García-Atance, J., La elección del orden jurisdiccional en las acciones indemnizatorias derivadas de accidentes laborales. Práctica Derecho de Daños, 86, 2010 (pp. 17-21), p. 18.
124.   Como indica Gómez Ligüerre, C., Responsabilidad civil y responsabilidad laboral…, *ob. cit.*, p. 18, *todos eran víctimas del amianto.*

distinta naturaleza. Esta diversidad de relaciones contractuales, laborales o incluso meramente circunstanciales complica la identificación de los responsables y la determinación del orden jurisdiccional competente para conocer de las eventuales reclamaciones. Por razones de lógica procesal y material, es necesario que la reclamación indemnizatoria contra todos los potenciales responsables del daño se tramite en un mismo proceso. Que la pretensión indemnizatoria se sustancie en un único procedimiento facilita la resolución de todos los aspectos del caso de manera coherente y eficiente. Un ejemplo de esta situación se presenta cuando un trabajador sufre un accidente debido a la conducta imprudente del director técnico de una obra, quien incurre en responsabilidad extracontractual. Al mismo tiempo, si el empresario no ha garantizado las medidas de seguridad necesarias, también incurre en responsabilidad extracontractual. En este escenario, tanto el director técnico y el empresario, serían responsables del daño sufrido por el trabajador. En estos casos, la reclamación de indemnización debe tramitarse conjuntamente en un mismo proceso. Esta solución evita la fragmentación del litigio, previene la duplicidad de procedimientos y garantiza una resolución que contemple adecuadamente la posición de todas las partes implicadas[125].

Al margen de la calificación de la responsabilidad como contractual o extracontractual, en estos casos el trabajador, en su condición de víctima, tiene la opción de interponer su reclamación únicamente contra el director técnico, exclusivamente contra el empresario, o bien contra ambos. En el caso de que se decida presentar la demanda en un único orden jurisdiccional, surge la cuestión de si estamos ante una acumulación subjetiva de acciones o si, por el contrario, será necesario recurrir

---

125.   Igualmente, en el caso del empresario que subcontrata todo o parte de su actividad laboral. Los supuestos de contratas y subcontratas tienen en ocasiones una regulación específica, como ocurre en el ámbito de la construcción con la Ley 32/2006 de 18 de octubre, reguladora de la subcontratación en la construcción cuyo art. 7,2 establece en estos casos una responsabilidad solidaria de contratista y subcontratista.

al litisconsorcio pasivo impropio (con independencia del orden jurisdiccional que conozca la pretensión)[126].

La acumulación subjetiva de acciones se produce cuando una misma parte demandante en este caso, el trabajador dirige diversas pretensiones frente a varios demandados dentro de un único procedimiento judicial. Esta posibilidad permite resolver de forma conjunta todas las cuestiones planteadas, siempre que exista una conexión suficientemente estrecha entre las pretensiones. Con ello, se busca favorecer la economía procesal y prevenir la emisión de resoluciones contradictorias. A la acumulación subjetiva de acciones se refiere el art. 72 LEC al señalar que *podrán acumularse, ejercitándose simultáneamente, las acciones que uno tenga contra varios sujetos o varios contra uno, siempre que entre esas acciones exista un nexo por razón del título o causa de pedir*, aclarando el precepto que *se entenderá que el título o causa de pedir es idéntico o conexo cuando las acciones se funden en los mismos hechos*. Se acepta, por tanto, la acumulación de acciones cuando intervienen varios sujetos, ya sea en calidad de demandantes o de demandados. No obstante, para que dicha acumulación resulte admisible, es necesario que exista una conexión entre las acciones, lo que implica que se basen en un mismo título o causa de pedir. Esta identidad o conexidad se entiende existente cuando las acciones se apoyan en un mismo conjunto de hechos[127].

---

126. GUZMÁN FLUJA, V.C. y ZAFRA ESPINOSA DE LOS MONTEROS, R., Comentarios prácticos a la Ley de Enjuiciamiento Civil. La acumulación de acciones: Arts. 71 a 73 LEC, *Revista InDret*, 3, 2008, pp. 8 y ss.
127. MOLINS GARCÍA-ATANCE, J. (2010). La elección del orden jurisdiccional..., *ob. cit.*, p. 18.
La admisibilidad de la acumulación de acciones del art. 73 LEC precisa de tres requisitos. En primer lugar, la competencia del tribunal: el tribunal ha de poseer jurisdicción y competencia por razón de la materia o por razón de la cuantía para conocer de la acción acumulada o acciones acumuladas. Dado que ambas jurisdicciones admiten su competencia, en este punto no se plantearían problemas. En segundo lugar, la compatibilidad procedimental de las acciones acumuladas: que las acciones acumuladas no deban, por razón de su materia, ventilarse en juicios de diferente tipo. En tercer lugar, la inexistencia de prohi-

En esta misma línea, el artículo 25,3 de la vigente Ley 36/2011, de 10 de octubre, reguladora de la Jurisdicción Social, contempla expresamente la posibilidad de acumulación subjetiva de acciones, al establecer que *también podrán acumularse, ejercitándose simultáneamente, las acciones que uno o varios actores tengan contra uno o varios demandados, siempre que entre esas acciones exista un nexo por razón del título o causa de pedir. Se entenderá que el título o causa de pedir es idéntico o conexo cuando las acciones se funden en los mismos hechos*[128].

Por otro lado, el litisconsorcio pasivo impropio tiene lugar cuando, aun siendo diferentes las pretensiones formuladas, resulta imprescindible la presencia de todos los sujetos responsables en un mismo proceso, debido a la interdependencia existente entre los efectos de las resoluciones que pudieran dictarse. En estos supuestos, no se trata únicamente de acumular las reclamaciones para su resolución conjunta, sino que la intervención de todos los demandados se revela necesaria para evitar fallos contradictorios y asegurar una tutela judicial efectiva, en particular en lo que respecta a la indemnización del trabajador. En última instancia, la exigencia del litisconsorcio pasivo encuentra su fundamento en el carácter indivisible o inescindible de la pretensión ejercitada, lo que impone la demanda conjunta de todos los sujetos implicados. En este sentido, el artículo 12,2 de la Ley de Enjuiciamiento Civil establece la obligación de litisconsorcio *cuando por razón de lo que sea objeto del juicio la tutela jurisdiccional solicitada sólo pueda hacerse efectiva frente a varios sujetos conjuntamente conside-*

---

bición legal de acumulación: que la ley no prohíba la acumulación en los casos en que se ejerciten determinadas acciones en razón de su materia o por razón del tipo de juicio que se haya de seguir.

128.   Ley de Procedimiento Laboral, aprobada por RDLeg 2/1995, de 7 de abril, en su art. 27,3 ya admitió esta acumulación subjetiva de acciones, que fue derogada por la disposición derogatoria única de la Ley 36/2011, de 10 de octubre, reguladora de la jurisdicción social.

rados, todos ellos habrán de ser demandados, como litisconsor-
tes, salvo que la ley disponga expresamente otra cosa.

La posibilidad de permitir al justiciable elegir entre una u otra jurisdicción plantea importantes desafíos cuando existe una pluralidad de demandados. En tales casos, se hace evidente la necesidad de establecer un régimen coherente en torno a los efectos de la cosa juzgada, especialmente ante el riesgo de sentencias contradictorias. En este contexto, resulta relevante tener en cuenta que las previsiones sobre cosa juzgada formal (artículo 207 LEC) y cosa juzgada material (artículo 222 LEC) no pueden aplicarse plenamente cuando, a partir de unos mismos hechos y con varios demandados implicados en un único hecho dañoso, se dictan resoluciones judiciales incompatibles entre sí[129].

Para ejemplificar esta idea, resulta especialmente útil analizar el caso de la Sentencia del Tribunal Supremo de 21 de febrero de 2006. En dicha sentencia, el Tribunal Supremo se pronunció sobre la vinculación que tienen los órganos de la jurisdicción civil respecto a un fallo previo de la jurisdicción laboral, cuando ambos versan sobre el mismo accidente.

El caso en cuestión se refería a una reclamación por los daños ocasionados por un accidente laboral atribuible al empresario. Los familiares del trabajador fallecido interpusieron inicialmente la demanda ante la jurisdicción social, la cual desestimó sus pretensiones. Posteriormente, acudieron a la jurisdicción civil, esta vez con fundamento en la responsabilidad por culpa extracontractual. En primera instancia, tras rechazar las excepciones de cosa juzgada y prescripción alegadas por la parte demandada, el tribunal reconoció una concurrencia de culpas entre la víctima y la empresa en un 50 por 100. La parte demandada recurrió en apelación y la Audiencia Provincial de Asturias estimó el recurso, concluyendo que existía cosa juzga-

---

129. MOLINER TAMBORERO, G., La culpa como criterio de imputación…, *ob. cit.*, 2011, p. 722.

da derivada del fallo previo de la jurisdicción laboral[130]. Sin embargo, la Sala de lo Civil del Tribunal Supremo aceptó el recurso interpuesto por la parte actora, fallando en línea con el juzgado de primera instancia. El Supremo apreció, nuevamente, una concurrencia culposa entre el trabajador y el empresario, reduciendo en un 50 por 100 la indemnización que consideró adecuada[131].

Admitida la concurrencia de competencia entre las jurisdicciones civil y social, el problema que se plantea el Tribunal Supremo se centra en determinar cómo se relacionan entre sí ambas jurisdicciones, especialmente cuando como en el caso analizado la parte demandante recurre a la vía civil tras haber obtenido una resolución desfavorable a sus pretensiones en la jurisdicción social. A este respecto, la sentencia señala que, cuando la prejudicialidad se plantea fuera de la órbita propia de conocimiento del orden jurisdiccional correspondiente, su eficacia queda limitada al proceso en el que se produce. En otras palabras, no alcanza eficacia de cosa juzgada en el orden jurisdiccional al que competa finalmente resolver definitivamente la cuestión. La prejudicialidad, como explica la doctrina, tiene únicamente un valor *incidenter tantum*, lo que significa que puede resolverse de manera distinta por la jurisdicción concernida, de acuerdo con las normas aplicables. En definitiva, cuando una resolución judicial versa sobre materias reguladas por normas propias del orden civil como los artículos 1902 y 1903 del CC, su validez se circunscribe al proceso correspondiente, pero no puede extenderse a otro orden jurisdiccional,

---

130. SAP Asturias 274/1999, 4 mayo (rec. 632/1998) (MP José Antonio Seijas Quintana).

131. STS-Civil 183/2006, 21 febrero (rec. 2468/1999) (MP José Almagro Nosete) (ECLI:ES:TS:2006:695), contempla un accidente minero con fallecimiento del trabajador, indica que no produce cosa juzgada en la jurisdicción civil el previo pronunciamiento del orden laboral sobre la existencia de culpa exclusiva de la víctima.

por lo que no adquiere eficacia de cosa juzgada más allá del proceso en el que se dicta[132].

---

132. Este es el criterio que está presente también en la STS-Civil 1395/2008, 15 enero (rec. 2374/2000) (MP Encarnación Roca Trías) (ECLI:ES:TS:2008:830). Una promotora encarga la construcción de una nave industrial a una empresa constructora que subcontrata parte de la obra con otra auxiliar (subcontratista). Un trabajador empleado por la auxiliar fallece mientras presta su actividad, apreciándose infracción de las más elementales normas de seguridad. La madre demanda a la promotora, a la constructora, a la subcontratista y al director técnico de la obra, reclamando el abono de una indemnización fundamentada en los arts. 1902 y 1903 CC, así como diversos preceptos del Estatuto de los Trabajadores, en la Ley de Prevención de Riesgos Laborales y en normas sobre seguridad constructiva. En esencia, la citada sentencia del TS, estableció que: la solución al caso depende de si el daño se imputa a un incumplimiento de norma laboral o a una conducta ajena al contrato de trabajo. La obligación de seguridad forma parte del contenido contractual, apareciendo como un deber general de diligencia incorporado por ley al contenido del contrato de trabajo; por ello las reclamaciones por responsabilidad del empresario que sean consecuencia del incumplimiento del contrato de trabajo deben ser competencia de la jurisdicción social. Y si se demanda a personas extrañas al contrato de trabajo la jurisdicción civil será la competente para conocer la acción de responsabilidad, pues ante la imposibilidad de dividir la causa de pedir, por tratarse de la misma acción de responsabilidad interpuesta por la demandante por el fallecimiento de su hijo, la vis atractiva afecta también a quienes tuvieren una relación laboral con el trabajador fallecido. Vid. sobre el particular SEMPERE NAVARRO, A.V., *Accidentes laborales y jurisdicción civil. Actualidad Jurídica Aranzadi*, 779, 2009, disponible en base de datos Aranzadi, BIB 2009\821.

Tres años después de dictarse la STS-Civil 183/2006, 21 febrero (rec. 2468/1999) (MP José Almagro Nosete) (ECLI:ES:TS:2006:695) la antigua Ley de Procedimiento Laboral fue sustituida por la vigente Ley 36/2011, de 10 de octubre, reguladora de la jurisdicción social, conformando la competencia de la jurisdicción social para este tipo de demandas.

La reforma legal confirmó, indica GÓMEZ LIGÜERRE, C., *Derecho aplicable y jurisdicción competente...*, ob. cit., p. 269, el cambio de doctrina de la Sala Primera del Tribunal Supremo convirtiendo «la jurisdicción social en la única competente para resolver las demandas de trabajadores contra empresarios derivadas del incumplimiento de normas de prevención y seguridad en el trabajo».

2.2. Pluralidad de demandantes: competencia y coherencia jurisdiccional

En contraste con la problemática de la pluralidad de demandados, la concurrencia de varios demandantes plantea una dinámica distinta. Un claro ejemplo para ilustrar esta situación es el caso conocido como «Uralita», relacionado con una reclamación por los daños ocasionados por la exposición al amianto[133]. La Sentencia de la Sala civil del Tribunal Supremo de 3 de diciembre de 2015 marcó un hito en los casos de pluralidad de demandantes, específicamente víctimas directas o indirectas de accidentes laborales, cuyas circunstancias individuales en cuanto a la exposición al material tóxico y los daños resultantes podían variar. En dicha sentencia, el Tribunal estableció una doctrina novedosa al declarar que la jurisdicción civil no era competente para conocer las reclamaciones de los trabajadores y sus sucesores contra las empresas demandadas, ya que el origen de dichas reclamaciones residía en la relación laboral y en el posible incumplimiento de normas de seguridad y salud en el trabajo. En consecuencia, la responsabilidad laboral debía ser examinada por el orden jurisdiccional de lo social, conforme a la normativa específica sobre seguridad laboral y las obligaciones empresariales de protección hacia sus trabajadores. No obstante, el Tribunal sí consideró que la jurisdicción civil era competente para conocer las demandas de las amas de casa que contrajeron enfermedades relacionadas con el amianto al manipular las prendas de trabajo de sus esposos. En este caso, el Tribunal determinó que se trataba de una reclamación entre particulares, donde el daño se produjo al margen de cualquier relación jurídica que otorgara al demandado un régimen especial de responsabilidad. Por lo tanto, estas reclamaciones de-

---

133.   STS-Civil 639/2015, 3 diciembre (rec. 558/2014) (MP José Antonio Seijas Quintana) (ECLI:ES:TS:2015:5414).
Para un estudio con detalle de los años de mayor producción industrial y consumo de amianto, vid. PUCHE VERGARA, F., *Amianto: una epidemia oculta e impune*, Madrid, Los Libros de la Catarata, 2017, pp. 60-63.

bían resolverse de acuerdo con las normas generales de responsabilidad civil extracontractual establecidas en el Código Civil[134].

A pesar de que el daño sufrido por todos los demandantes tenía una causa común y los mismos potenciales responsables, y a pesar de las diferentes pretensiones ejercidas en el proceso, la sentencia del Tribunal Supremo de 2015 resolvió el problema de atribución competencial de manera distinta a lo que se había establecido previamente[135]. La resolución concentró la competencia judicial en función de la materia, independientemente del régimen o naturaleza legal de los demandados. El Tribunal interpretó que la diversidad de regímenes competenciales se debía a las características de los demandantes y no a los demandados. Este enfoque genera una situación delicada para los tribunales de lo social, que deberán conocer las reclamaciones de aquellos demandantes respecto de los cuales la jurisdicción civil se ha declarado incompetente. Dichos tribunales se enfrentan al desafío de juzgar hechos y atribuir responsabilidades que ya han sido objeto de decisión por la jurisdicción civil, lo que puede dar lugar a conflictos procesales de jurisdicción entre las resoluciones de ambos órdenes jurisdiccionales. Esto pone de relieve la dificultad de mantener una coherencia en la asignación de competencias cuando se trata de casos de pluralidad de demandantes y regímenes de responsabilidad diferenciados[136].

---

134.   Gómez Ligüerre, C., *Derecho aplicable y jurisdicción competente...*, *ob. cit.*, pp. 286 a 293; Asua González, C.I., Daños causados por amianto. Reclamación de trabajadores, de familiares y de amas de casa que manipularon la ropa. Cambio de doctrina jurisprudencial sobre la jurisdicción competente. *Cuadernos Civitas de Jurisprudencia Civil,* 101, 2016, disponible en base datos Aranzadi, BIB 2016\4045.

135.   En España, el desafío ya no está en la utilización del amianto, sino en las tremendas trabas que afrontan las víctimas para obtener una compensación adecuada, vid. Puche Vergara, F., *Amianto: una epidemia...*, pp. 70-80.

136.   La concurrencia de demandantes como un nuevo modo de resolver los conflictos de competencia, vid. Gómez Ligüerre, C., Responsabilidad civil y responsabilidad laboral..., *ob. cit.*, p. 22.

El Tribunal Supremo, en su sentencia, no abordó si las empresas demandadas incumplieron sus deberes de cuidado en relación con sus trabajadores. Sin embargo, llegó a la conclusión de que el amianto utilizado por estos en sus puestos de trabajo fue la causa del daño que sufrieron tres amas de casa. El Tribunal también determinó que dicho daño era imputable a las compañías demandadas, a pesar de no haber sido estas mujeres trabajadoras directas de las empresas, sino víctimas indirectas por haber inhalado las fibras de amianto al manipular la ropa de trabajo de sus esposos[137].

Es importante destacar que, al no haberse juzgado la pretensión respecto de la cual la jurisdicción civil se declaró incompetente, la sentencia civil no genera ninguno de los efectos propios o similares a los de la cosa juzgada. Para los trabajadores afectados y sus sucesores, no existe una sentencia civil previa que haya resuelto sobre el fondo del asunto, sino únicamente sobre la competencia de la jurisdicción social. Sin embargo, la conexión entre la pretensión de estos trabajadores y la que fue resuelta por la sentencia civil en relación con las amas de casa es evidente. Ambas demandas derivan de la misma causa el uso del amianto y de los mismos potenciales responsables. Esto subraya la relevancia de considerar los vínculos entre las reclamaciones y los posibles efectos que una resolución en un ámbito jurisdiccional puede tener sobre otro, especialmente en situaciones de pluralidad de víctimas indirectas y directas.

La jurisdicción laboral que conozca de las reclamaciones presentadas por los trabajadores y sus herederos contra las empresas en las que trabajaron, se situará en una posición similar a la de los tribunales civiles cuando deben decidir sobre la responsabilidad civil derivada de un delito. Esto sucede cuando la víctima ha reservado sus acciones civiles para ejer-

---

137.   Domínguez Martínez, P., Daños provocados por el amianto: jurisdicción competente y responsabilidad civil, *Revista CESCO de Derecho de Consumo,* 17, 2016 (pp. 192-212), p. 209.

cerlas ante la jurisdicción civil, una vez finalizado el proceso penal que ha resuelto sobre la responsabilidad penal del causante del daño. En estos casos, el tribunal civil debe determinar la responsabilidad civil basándose en hechos que ya han sido probados por el tribunal penal, los cuales vinculan al tribunal civil, que no puede cuestionar la existencia de lo declarado en el proceso penal anterior entre las mismas partes. En el caso «Uralita», aunque no se trata de la aplicación de la cosa juzgada, la determinación de la responsabilidad de las empresas demandadas vincula la actuación a unos daños que son los mismos y tienen el mismo origen que aquellos por los que los trabajadores y sus herederos reclamarán una indemnización ante la jurisdicción laboral[138].

La vinculación del tribunal de lo social respecto a las valoraciones y conclusiones alcanzadas en el proceso civil previo debería ser total, ya que ambos tribunales analizan si los mismos hechos dan lugar a una pretensión indemnizatoria idéntica. Si el proceso civil ha resuelto una cuestión sobre la responsabilidad o el daño derivado de un accidente laboral, dicha resolución debe ser vinculante para el tribunal de lo social, ya que ambos tribunales examinan los mismos hechos y pretensiones. Esto evitaría la contradicción de sentencias y garantizaría la coherencia en la resolución de las reclamaciones, independientemente del orden jurisdiccional en el que se tramiten. La existencia de una resolución previa sobre los mismos hechos debería prevalecer, permitiendo que el tribunal de lo social respete las conclusiones alcanzadas en el proceso civil, en tanto que ambas decisiones buscan la misma finalidad: la indemnización justa del perjudicado, evitando la duplicidad de procesos y asegurando una tutela judicial efectiva. No obstante, parece que la Sala Primera admite que, en el ámbito laboral, la responsabilidad de las empresas demandadas podría depender

---

138.   Acerca del riesgo de decisiones contradictorias y el efecto de la sentencia civil en el proceso social posterior, vid. GÓMEZ LIGÜERRE, C., Responsabilidad civil y responsabilidad laboral..., *ob. cit.*, pp. 26 y ss.

no tanto de la causación efectiva de un daño, sino del incumplimiento de normas laborales[139]. Este enfoque abre un debate más profundo que excede los objetivos de este trabajo, pero implicaría el reconocimiento de una responsabilidad derivada de contingencias profesionales, distinta de la responsabilidad civil general. En lugar de buscar la reparación del daño, se limitaría a aplicar consecuencias al incumplimiento de normas, algo más propio del derecho sancionador que del ámbito tradicional de la responsabilidad civil.

Que las víctimas terminen perdiendo pleitos debido a la incertidumbre sobre la jurisdicción competente para presentar la demanda genera un aumento significativo de los costes en la resolución de los casos, tanto en términos económicos como en cuanto a la duración de los procedimientos. Este problema no solo retrasa la obtención de una indemnización justa, sino que también tiene efectos negativos en el derecho a una reparación efectiva del daño sufrido. Como consecuencia, los daños permanecen sin indemnizar o, en el mejor de los casos, se indemnizan de manera tardía a través de un nuevo juicio, lo que implica la pérdida de los intereses que podrían haberse cobrado desde la presentación de la primera demanda. Esta situación no solo perjudica a la víctima en términos económicos, sino que también afecta la seguridad jurídica, al generar inseguridad respecto a los procedimientos a seguir y la posible resolución del conflicto. Además, esta incertidumbre judicial puede generar desconfianza en el sistema, incrementando los costes indirectos derivados de la prolongación de los pleitos y el desgaste emocional y material de las partes involucradas. Por todo ello, es crucial buscar una solución normativa que clarifique de manera definitiva la jurisdicción competente y evite esta problemática.

Para evitar los problemas mencionados, estimo que las leyes procesales en el ámbito del Derecho de daños deben orien-

---

139. Asúa González, C.I., Daños causados por amianto..., *ob. cit.*, disponible en base datos Aranzadi, BIB 2016\4045.

tarse por principios de eficiencia y economía procesal. Es necesario reducir el tiempo y los recursos empleados para dictar una resolución judicial sobre la indemnización de los daños ocasionados. La disminución de los costes marginales en la resolución de los casos también contribuiría a mitigar las externalidades negativas, al permitir que los tribunales acorten la duración de los procedimientos, resuelvan un mayor número de casos y mejoren tanto la precisión como la calidad de las decisiones judiciales[140].

---

140. DOMÉNECH PASCUAL, G. y MORA-SANGUINETTI, J.S., El mito de la especialización judicial, *Revista InDret*, 3, 2015, pp. 10 y 11.

VI. Propuestas de mejora

Como hemos observado al analizar los desajustes que surgen con la determinación de los criterios de atribución de la competencia entre ordenes jurisdiccionales, la reclamación indemnizatoria de las víctimas es atendida por tribunales de diferentes jurisdicciones, aplicando cada uno normas materiales distintas, propias de su ámbito jurisdiccional. Esta pluralidad de enfoques normativos, a pesar de tratar sobre hechos similares o incluso idénticos, puede llevar a inconsistencias en los criterios aplicados, lo que afecta tanto a la coherencia como a la predictibilidad del sistema judicial[141].

Además, la falta de una única vía procesal y la competencia compartida entre tribunales genera un entorno de inseguridad jurídica para los litigantes, quienes no tienen garantizado un procedimiento uniforme ni la certeza de que su caso será resuelto conforme a principios coherentes. Esto puede resultar en demoras significativas en la resolución de los casos, y, lo que es más grave, puede derivar en la desprotección de los derechos de las víctimas, especialmente cuando se enfrentan a una situación procesal ambigua y dispersa.

---

141.   En este sentido supra vid. II. Potenciales responsables y jurisdicciones con competencia.

Por ello, la necesidad de una reforma normativa que establezca de forma clara y precisa los criterios de competencia jurisdiccional es fundamental. La aplicación de un único conjunto de normas o la existencia de un sistema que permita la remisión adecuada entre tribunales garantizaría una mayor eficacia procesal, reduciendo los costes y la complejidad de los procedimientos, y asegurando una resolución más rápida y justa para las víctimas.

1. LA DETERMINACIÓN DEL GRADO ÓPTIMO DE ESPECIALIZACIÓN

No cabe duda de que la especialización judicial contribuye significativamente a reducir los costes marginales, ya que acorta la duración de los procedimientos e incrementa la calidad técnica de las resoluciones. La especialización permite a los jueces y magistrados desarrollar un conocimiento más profundo y detallado del Derecho, lo que favorece una mayor eficiencia en la toma de decisiones y la resolución de casos complejos. Además, este enfoque especializado facilita una interpretación más precisa y consistente de las normas aplicables, lo cual impulsa la coherencia interna y la uniformidad de la jurisprudencia emitida por los órganos jurisdiccionales especializados. De este modo, la especialización judicial no solo mejora la calidad de la justicia, sino que también asegura que los litigantes reciban una resolución más equitativa y técnica, lo que, en última instancia, fortalece la confianza en el sistema judicial y contribuye a la reducción de la incertidumbre procesal. Por lo tanto, promover la especialización dentro del ámbito jurisdiccional, especialmente en áreas como el Derecho de daños, sería una medida favorable para mejorar la eficiencia y la efectividad de los procedimientos judiciales[142].

---

142. GÓMEZ LIGÜERRE, C., *Derecho aplicable y jurisdicción competente...*, *ob. cit.*, p. 324; DOMÉNECH PASCUAL, G. y MORA-SANGUINETTI, J.S., El mito de la espe-

La especialización judicial, aunque presenta claras ventajas, también conlleva diversos desafíos que deben ser gestionados cuidadosamente para evitar efectos no deseados. En primer lugar, la creación de órganos especializados puede resultar en un aumento de los costes de gestión, lo cual impacta tanto en los recursos públicos como en la organización del sistema judicial. Además, la reducción de la diversidad jurisprudencial puede tener consecuencias en cuanto a la flexibilidad y la capacidad de revisión de doctrinas jurídicas, lo que limita la evolución del Derecho y su adaptación a los nuevos desafíos sociales y económicos. Por otro lado, la especialización puede llevar a una menor atracción hacia ciertos puestos en la carrera judicial, lo que podría disminuir la calidad del personal judicial disponible para dichos órganos. También pueden surgir problemas para delimitar de manera precisa las competencias de los órganos especializados, lo que genera incertidumbre y puede complicar la administración de justicia en casos complejos. Otro aspecto para considerar es que la creación de tribunales especializados puede alejar geográficamente a los ciudadanos del acceso a la justicia, aumentando los costes para los justiciables y dificultando la equidad en el sistema judicial. Además, la necesidad de adaptar la estructura judicial a las variaciones en la demanda puede resultar en una complejidad adicional que, en algunos casos, puede poner a prueba la eficiencia del sistema. La especialización también tiene el potencial de inducir estereotipos y prejuicios en los jueces y magistrados, lo cual puede influir en sus decisiones y obstaculizar la imparcialidad. A medida que se incrementa la especialización, el Derecho puede volverse más técnico y complejo, lo que podría dificultar la comprensión de las partes implicadas y limitar el acceso al derecho. Las contradicciones y las incoherencias entre diferentes órganos jurisdiccionales también pueden crear incertidumbre y confusión en la interpretación y aplicación del Derecho. Finalmente, existe el riesgo de que la especialización judicial

---

cialización..., *ob. cit.*, pp. 10 y ss.

permita que ciertos intereses o sesgos ajenos al Derecho influyan en las decisiones, lo que podría afectar la integridad y la transparencia del sistema judicial. Es por ello que se debe actuar con cautela para equilibrar los beneficios de la especialización con los posibles inconvenientes que podrían surgir[143].

La especialización debe ser implementada con cautela, evaluando de forma continua si los beneficios superan los costes, y ajustando el nivel de especialización en función de las circunstancias particulares de cada ámbito jurídico. Un sistema de responsabilidad civil que busque ser eficiente debe ser capaz de identificar las áreas del Derecho donde la especialización aporta claras ventajas frente a un modelo de tribunales generalistas. Es esencial evaluar en qué medida la especialización es necesaria y justificada, considerando los beneficios de un enfoque especializado frente a la fragmentación del sistema judicial. En este sentido, se debe examinar si la especialización de jurisdicciones y tribunales responde a una necesidad real de mejorar la eficiencia y la calidad de las decisiones judiciales, así como la uniformidad en la aplicación del Derecho[144].

El nivel óptimo de especialización debe ser determinado mediante un análisis que considere si los beneficios marginales derivados de una mayor especialización superan los costes adi-

---

143. Doménech Pascual, G. y Mora-Sanguinetti, J.S., El mito de la especialización…, *ob. cit.*, pp. 12 y ss.; Gómez Ligüerre, C., *Derecho aplicable y jurisdicción competente*…, *ob. cit.*, p. 325.

144. El debate sobre la especialización es mucho más amplio y complejo que los criterios que proporciona el art. 9 LOPJ cuando distribuye asuntos entre órdenes jurisdiccionales. Como considera Gómez Ligüerre, C., *Derecho aplicable y jurisdicción competente*…, *ob. cit.*, p. 326, la tensión entre especialización y generalidad se plantea dentro de cada orden jurisdiccional. Los juzgados de primera instancia, por ejemplo, a pesar de pertenecer al orden jurisdiccional civil, tienen asignados asuntos de una variedad suficientemente amplia como para que sean considerados tribunales generales. De hecho, así se conceptúan respecto de los juzgados de lo mercantil, también pertenecientes al orden jurisdiccional civil, aunque especializados por razón de la materia en asuntos empresariales o concursales. De igual modo ocurre con las especialidades en materia de reparto que posibilita, por ejemplo, que existan juzgados de primera instancia especializados en asuntos de familia (art. 98 LOPJ).

cionales que puede generar. En general, la especialización será más beneficiosa cuando los casos que deben resolverse presenten un alto grado de complejidad técnica y de similitud, lo que justifica una mayor especialización en el conocimiento de los problemas. Además, la necesidad de una resolución uniforme y ágil en estos casos también hace que la especialización sea más ventajosa, ya que permite a los tribunales adquirir un conocimiento profundo en áreas concretas del Derecho, acelerando la toma de decisiones y mejorando la calidad de las mismas[145].

Por otro lado, los beneficios de la especialización se reducen cuando existen desventajas geográficas, como el aumento de la distancia entre los justiciables y los tribunales especializados, lo que puede dificultar el acceso a la justicia. Igualmente, la especialización puede ser menos eficaz si existe un riesgo elevado de captura por intereses externos o de activismo judicial, ya que la concentración de poder en órganos altamente especializados podría dar lugar a la influencia de intereses ajenos al Derecho y afectar la imparcialidad del sistema judicial[146].

---

145. Resulta difícil que existan tribunales o jueces absolutamente generalistas o especializados, pues como señalan DOMÉNECH PASCUAL, G. y MORA-SANGUINETTI, J.S., El mito de la especialización..., *ob. cit.*, p. 10, «lo normal es que se sitúen en algún lugar del espacio continuo que va de un extremo al otro, que sus competencias estén más o menos limitadas, que el número de órganos que conocen de ciertos tipos de casos sea superior a uno e inferior al infinito, que los conocimientos específicos de los jueces encargados de resolverlos sean más o menos amplios y profundos».

146. Se comprende igualmente, indican DOMÉNECH PASCUAL, G. y MORA-SANGUINETTI, J.S., El mito de la especialización..., *ob. cit.*, pp. 25 y ss., que la reducción de la variedad de los casos aumenta la probabilidad y la medida en que los conocimientos obtenidos por un tribunal al resolver un caso pueden aprovechar luego para pronunciarse sobre otros. En cambio, la especialización judicial perderá atractivo por el riesgo de que los tribunales adopten posturas sesgadas en favor de determinados intereses. Ello puede ocurrir, por ejemplo, porque se trata de materias ideológicamente controvertidas en las que los tribunales toman de manera regular decisiones impregnadas de altas dosis de subjetividad, o porque los litigantes que sostienen determinadas posiciones tienen una mayor ca-

La separación entre órdenes jurisdiccionales y su especialización será útil dentro de un sistema de responsabilidad civil orientado a la eficiencia únicamente si las normas que determinan la atribución de competencias entre órdenes jurisdiccionales garantizan la exclusividad en una materia concreta. Esta exclusividad debe ir acompañada de una coherencia interna dentro de la jurisdicción y la capacidad de generar un volumen suficiente de casos que justifique la creación de tribunales especializados. Dichos tribunales deberían ser capaces de resolver todos los litigios que surjan en ese ámbito, permitiendo una resolución más ágil, consistente y técnica de los asuntos.

Para que la especialización judicial sea realmente eficiente, no solo debe haber un número adecuado de casos que respalde la existencia de tribunales especializados, sino que también es esencial que estos tribunales cuenten con los recursos y la capacitación necesaria para abordar la complejidad técnica de las reclamaciones. Además, la especialización debe asegurar que las decisiones judiciales sean coherentes y uniformes, evitando posibles contradicciones o incoherencias entre diferentes órganos jurisdiccionales[147].

En definitiva, la creación de tribunales especializados en el ámbito de los daños solo tendrá sentido si se cumplen estas condiciones, asegurando que la especialización no solo se justifique por la cantidad de casos, sino también por la calidad de la resolución que dichos tribunales pueden aportar al sistema judicial.

---

pacidad de influencia sobre los tribunales que los que defienden posturas antagónicas.

147. Con más detalle sobre la especialización judicial, vid. DOMÉNECH PASCUAL, G. y MORA-SANGUINETTI, J.S., El mito de la especialización…, *ob. cit.*, p. 7; GÓMEZ LIGÜERRE, C., *Derecho aplicable y jurisdicción competente…*, *ob. cit.*, p. 327.

2. LA IMPLEMENTACIÓN DE CRITERIOS DE ATRIBUCIÓN EXCLUSIVOS Y UNÍVOCOS

En el Derecho español de daños, la distribución de competencias entre los órdenes jurisdiccionales está orientada hacia la determinación de la responsabilidad de los posibles causantes del daño, y no tanto a las necesidades de las víctimas. Las diferencias jurisdiccionales se fundamentan en el régimen jurídico que se aplica al responsable del daño, lo cual determina el orden competente para resolver la reclamación indemnizatoria. Esta distinción entre órdenes jurisdiccionales desaparece únicamente cuando el daño se origina en un ilícito penal, ya que, en ese caso, la atribución de la competencia al orden jurisdiccional penal se basa no en la naturaleza de la pretensión indemnizatoria de la víctima, sino en la calificación de las conductas como presuntamente criminales[148]. En este contexto, se puede afirmar que el Derecho español de daños es, en cierto modo, un «Derecho de responsables,» en el sentido de que la distribución de competencias no toma en consideración directamente la pretensión indemnizatoria de la víctima, sino que se focaliza en el análisis del tipo de responsabilidad que corresponde al posible causante del daño. Esto implica que, aunque el daño afecte a un individuo, la jurisdicción competente depende de la relación que ese daño tenga con los responsables y las normativas aplicables a ellos[149].

---

148.   GÓMEZ LIGÜERRE, C., Responsabilidad civil y responsabilidad laboral…, *ob. cit.*, p. 4.

149.   De esta forma, apunta GÓMEZ LIGÜERRE, C., *Derecho aplicable y jurisdicción competente…, ob. cit.*, pp. 328-329, dos víctimas que hayan sufrido un mismo daño pueden haber de seguir procedimientos diferentes ante jurisdicciones diferentes en función de si el daño es consecuencia de un hecho tipificado como delito o de la naturaleza legal o régimen jurídico al que está sujeto el potencial responsable. El problema no es únicamente procedimental, pues como ya se ha apuntado, la competencia a un tribunal de un determinado orden jurisdiccional supone la aplicación de unas normas materiales determinadas diferentes que regulan la pretensión indemnizatoria de la víctima de modo diverso.

Según el modelo de distribución competencial entre los distintos órdenes jurisdiccionales, puede ocurrir que víctimas afectadas por un mismo tipo de daño se vean obligadas a acudir a procedimientos diferentes ante órganos judiciales de distintos ordenes jurisdiccionales. Esto conlleva la aplicación de normas materiales específicas que regulan de manera diversa la pretensión indemnizatoria en cada jurisdicción. El hecho de que una misma pretensión indemnizatoria se resuelva de manera diferente en función del sector del ordenamiento que le corresponde, con tribunales especializados según la materia, plantea interrogantes sobre la conveniencia de la especialización judicial en el ámbito del Derecho de daños. Esto cuestiona si la especialización realmente cumple con el objetivo de una resolución más eficiente y coherente o si, por el contrario, introduce disparidades y complicaciones innecesarias para las víctimas[150].

La exclusividad en la atribución y la unidad de su contenido, como señala GÓMEZ LIGÜERRE, pueden materializarse a través de la especialización por razón de la materia o por razón del demandante. Sin embargo, el problema en el Derecho español de daños es que combina ambos criterios al abordar una misma pretensión indemnizatoria. Esta especialización judicial en el ámbito del Derecho de daños conduce a que reclamaciones indemnizatorias materialmente idénticas sean resueltas por tribunales diferentes, cada uno aplicando distintas reglas procesales y materiales. Este enfoque genera inconsistencias en la resolución de casos similares, lo que pone en duda la eficacia de la especialización judicial en términos de coherencia y eficiencia.

---

150.   Nos recuerda MORA-SANGUINETTI, J.S., Justicia y Economía: la eficiencia del sistema judicial en España y sus impactos económicos. *Papeles de Economía Española*, 128, 2021 (pp. 66-77), pp. 68-69, que los conflictos que llegan al sistema judicial español pueden ser resueltos por cuatro jurisdicciones distintas (civil, penal, social y contencioso-administrativa), y analiza la eficacia del sistema judicial en su jurisdicción civil específicamente.

En el contexto del Derecho español de daños, no existe una verdadera especialización judicial en el sentido de asignar de manera exclusiva y excluyente un tipo determinado de asuntos a una categoría específica de jueces. Actualmente, la especialización en este ámbito no ocurre por razón de la materia, salvo en aquellos casos en los que el daño se derive de un delito cuya pena haya sido dictada por un tribunal penal, siempre que la víctima no haya reservado las acciones civiles. En estos casos, la responsabilidad civil derivada del delito será tratada por los tribunales penales, pero fuera de este supuesto, no se establece una especialización procesal específica en el ámbito del Derecho de daños[151].

Para que la especialización judicial derivada de la existencia de varios órdenes jurisdiccionales conserve su efectividad, considero esencial que los criterios de atribución de la competencia entre órdenes jurisdiccionales sean exclusivos y unívocos. Este enfoque es crucial para evitar que una misma pretensión sea tratada por tribunales de diferentes órganos jurisdiccionales, aplicando normas materiales y procesales dispares. A pesar de las diferencias en el procedimiento, el contenido de la pretensión es siempre el mismo: el resarcimiento del daño. La coherencia en los criterios de competencia garantizaría una resolución más eficiente y uniforme de las reclamaciones indemnizatorias, evitando la duplicación de procesos y la incertidumbre jurídica para las víctimas.

Desde la perspectiva de la víctima, la existencia de diferentes regímenes legales de responsabilidad civil resulta injustificada. Por ejemplo, en el caso de un daño causado por un particular, la víctima debe probar la culpa del responsable. Sin embargo, si el daño proviene de una actividad idéntica realiza-

---

151. Indica GÓMEZ LIGÜERRE, C., *Derecho aplicable y jurisdicción competente...*, *ob. cit.*, p. 330, cuando el daño ha sido causado por un servicio público, el tribunal de lo contencioso será el competente. Y si el daño es imputable a un empleador, lo será el tribunal de los social. En otro caso, corresponderá la competencia al tribunal de lo civil, con la salvedad de las reclamaciones que tengan su rigen en materias atribuidas a los tribunales de lo mercantil.

da por una Administración pública, la víctima se beneficia de un régimen de responsabilidad objetiva. Lo razonable es que las víctimas de daños análogos estén sometidas a las mismas reglas materiales y procesales, independientemente de si el causante del daño es un particular o una Administración pública. La equidad exige una uniformidad en el tratamiento de las reclamaciones indemnizatorias, garantizando un acceso igualitario a la justicia para todas las víctimas, sin que la naturaleza del responsable afecte las condiciones sustantivas y procedimentales de la reclamación.

La especialización de los órdenes jurisdiccionales por razón de la materia, cuando es atribuida de manera exclusiva por la ley, tiene sentido desde la perspectiva de la jurisdicción especializada, particularmente en el caso de cada una de las salas del Tribunal Supremo. Cada sala resuelve recursos fundamentados en las normas procesales o materiales aplicadas en las instancias inferiores, lo que permite que su doctrina jurisprudencial influya en el ámbito del ordenamiento que le corresponde. Sin embargo, esta compartimentación de la jurisprudencia pierde justificación cuando todos los órdenes jurisdiccionales manejan conceptos comunes que se relacionan directamente con la pretensión indemnizatoria que la víctima plantea en cualquier caso en el que acude a los tribunales. En este contexto, la distinción entre los distintos órdenes jurisdiccionales podría ser innecesaria, ya que la base de la reclamación, el resarcimiento del daño, permanece constante a lo largo de todos los procedimientos, independientemente del orden jurisdiccional en el que se resuelva[152].

---

152. Indican DOMÉNECH PASCUAL, G. y MORA-SANGUINETTI, J.S., El mito de la especialización..., *ob. cit.*, p. 15, que la especialización favorece la uniformidad y la coherencia internas de la doctrina emanada por cada grupo de órganos a los que se asigna el conocimiento exclusivo de una determinada clase de asuntos, pero también dificulta la reciprocidad de doctrinas entre los tribunales pertenecientes a distintas esferas competenciales propiciando que se den respuestas diferentes a lo que no son sino las mismas cuestiones y necesidades.

En mi opinión, la dispersión normativa del Derecho español de daños se manifiesta de manera más evidente en su dispersión jurisdiccional. En aras de garantizar la seguridad jurídica, la igualdad y la imparcialidad, debería existir una doctrina jurisprudencial común sobre los aspectos centrales de la pretensión indemnizatoria. Esto permitiría evitar o al menos minimizar el peregrinaje jurisdiccional en los pleitos de responsabilidad civil. En última instancia, elementos como la relación de causalidad, la relevancia del carácter antijurídico de la conducta del responsable, la imputación objetiva de sus consecuencias, la evaluación de la diligencia y la valoración de los daños son fundamentales para la pretensión de todas las víctimas de daños, independientemente de la jurisdicción ante la que deban ejercerla[153].

---

153. Naturalmente, apunta FERRERES COMELLA, V., Sobre la posible fuerza vinculante de la jurisprudencia. En V. Ferreres Comella y J. A. Xiol Ríos, *El carácter vinculante de la jurisprudencia* (pp. 43-80), Madrid, Fundación coloquio jurídico europeo, 2010, pp. 44-46, la seguridad jurídica, igualdad e imparcialidad u objetividad están en riesgo en mayor o menor medida cuanta mayor indeterminación haya en el sistema jurídico, al ser mayor es la probabilidad de que surjan discrepancias entre los tribunales.

VII. Conclusiones

PRIMERA. La ampliación indebida de la jurisdicción compromete la integridad del sistema legal y los derechos de las víctimas.

Permitir que un tribunal extienda su jurisdicción más allá de los límites legalmente establecidos constituye una vulneración del orden público, con graves consecuencias para la seguridad jurídica y la equidad procesal. Esta práctica no solo abre la puerta a posibles abusos o decisiones injustas, sino que también provoca la fragmentación de la tutela judicial, obligando a las víctimas de un mismo hecho generador de responsabilidad a acudir a procedimientos distintos regidos por normas materiales que regulan la pretensión indemnizatoria de modo diferente. Esta desviación socava la coherencia del ordenamiento jurídico y la igualdad de trato, comprometiendo la integridad del sistema y, en última instancia, el derecho fundamental a una tutela judicial efectiva.

SEGUNDA. La resolución de los conflictos jurisdiccionales exige un modelo procesal centrado en la víctima, que asegure una reparación justa, efectiva y en un tiempo razonable.

El sistema procesal debe orientarse hacia la efectividad en la reparación del daño, evitando que la determinación del orden jurisdiccional competente dependa exclusivamente del régimen jurídico del potencial responsable. Para ello, es esencial armonizar los criterios sobre responsabilidad y cuantificación del daño, dotando al sistema de mayor coherencia y seguridad jurídica.

La coordinación entre órdenes jurisdiccionales y la creación de órganos especializados facilitarán la correcta determinación de la competencia y reducirán la incertidumbre procesal. Asimismo, la unificación de criterios para valorar el daño permitirá reparaciones más ágiles y equitativas, reforzando la justicia y la eficiencia del sistema. Solo un enfoque procesal que priorice los derechos de la víctima podrá garantizar plenamente la tutela judicial efectiva y superar las barreras que la fragmentación competencial impone al acceso a la justicia.

TERCERA. Necesidad de un marco único y coordinado para la responsabilidad civil derivada del delito.

La responsabilidad civil derivada del delito evidencia una anomalía procesal que exige la creación de un marco normativo unificado y una mejor coordinación entre las jurisdicciones penal y civil. Definir claramente los criterios de valoración del daño y los efectos de la sentencia penal es clave para evitar dilaciones y garantizar una compensación justa.

Una regulación común reduciría la dispersión normativa, facilitando la ejecución de las indemnizaciones y evitando duplicidades procesales. Regular con precisión la reserva de la acción civil y los efectos de la sentencia penal permitiría una reparación más ágil y eficaz, reforzando la tutela de las víctimas.

Por ello, la indemnización debería gestionarse automáticamente en el proceso penal siempre que sea posible, suprimiendo trámites innecesarios. Además, deben establecerse pautas claras sobre la acumulación de pretensiones y garantizar que la falta de pronunciamiento penal no limite la acción civil, asegurando así una reparación íntegra y equitativa.

CUARTA. Resolver los conflictos contenciosos administrativos exige normas claras, coordinación entre jurisdic-

ciones y revisión de plazos y procedimientos para una compensación justa y sin demoras.

Es esencial armonizar los criterios aplicados en los órdenes
civil, penal y contencioso-administrativo, así como establecer
mecanismos de coordinación que eviten duplicidades y retrasos en la reparación. Además, se debe clarificar la interacción
entre las responsabilidades administrativa y penal, los efectos
preclusivos de las resoluciones penales y el concepto de «servicio público» en la LRJSP, promoviendo una aplicación uniforme de la responsabilidad patrimonial.

La armonización de los plazos procesales o la suspensión
de estos en procedimientos paralelos evitará la caducidad del
derecho a indemnización y reducirá costes y tiempos, canali-
zando la reparación a través de un procedimiento único y eficiente.

Por último, para garantizar indemnizaciones eficaces y cen-
tradas en la protección del administrado, resulta imprescindible
agilizar la acción de regreso y reformar el régimen asegurador,
superando los actuales conflictos procesales jurisdiccionales y
los retrasos en el pago.

**QUINTA. Es esencial una doctrina única para reclama-
ciones por accidentes laborales.**

La unificación de criterios sobre competencia, responsabilidad e indemnización es clave para evitar discrepancias entre la
Sala Social y la Sala Civil del Tribunal Supremo en reclamaciones por accidentes laborales. Esto permitiría reducir la inseguridad jurídica y agilizar la reparación del daño.

La actual posibilidad de que la víctima elija jurisdicción
fragmenta el proceso y puede generar resoluciones contradictorias. Es necesario que la determinación del orden jurisdiccional competente se base en la naturaleza del ilícito, ya sea mediante reforma legal o la consolidación de una doctrina
jurisprudencial clara y estable.

Delimitar con precisión los daños laborales y extracontrac-
tuales facilitaría la unificación de criterios probatorios y la

coordinación con las prestaciones de la Seguridad Social, evitando solapamientos y vacíos indemnizatorios.

Para disminuir la litigiosidad y los costes, es imprescindible fomentar la acumulación de acciones con un vínculo común y establecer mecanismos de coordinación entre jurisdicciones. Consolidar una jurisprudencia uniforme reforzará la seguridad jurídica y permitirá a las víctimas acceder a reparaciones más ágiles, coherentes y eficaces.

SEXTA. La falta de criterios uniformes de competencia entre jurisdicciones genera inseguridad jurídica y reduce la eficacia del sistema judicial.

Superar esta disfunción exige una adecuada especialización jurisdiccional y la consolidación de una doctrina común en materia resarcitoria, garantizando así una justicia más coherente, accesible y predecible.

La división de jurisdicciones solo tiene sentido cuando asegura exclusividad y unidad en el tratamiento de la materia. Sin embargo, la falta de criterios claros provoca que casos sustancialmente idénticos se resuelvan bajo reglas distintas, vulnerando principios fundamentales como la seguridad jurídica, la igualdad y el acceso efectivo a la justicia.

Para remediar esta situación, es necesario definir un grado adecuado de especialización y establecer criterios uniformes de atribución competencial entre órganos jurisdiccionales. Esto permitirá que víctimas de daños similares estén sometidas al mismo marco normativo, evitando desigualdades arbitrarias según el órgano que conozca la pretensión.

La unificación de la doctrina jurisprudencial en materia resarcitoria es esencial para armonizar la interpretación de elementos clave como la relación de causalidad, la imputación objetiva y la cuantificación del daño. Así se logrará un sistema judicial coherente y se eliminarán los fallos contradictorios, reforzando la seguridad jurídica y la eficacia de la justicia.

VIII. Bibliografía

ABELLA LÓPEZ, J., La ejecución del auto de cuantía máxima. *Tráfico y Seguridad Vial*, 163/164, 2012 (pp. 21-40).

ADAN DOMÈNECH, F., *La LEC práctica en fichas*, Barcelona (2 ed.), J. M. Bosch Editor, 2017.

ALASTUEY DOBÓN, C., Comentario a los arts. 109 a 122 del Código Penal. En M. Gómez Tomillo (Dir.), *Comentarios al Código Penal*, Valladolid, Lex Nova, 2010.

ALEGRE ÁVILA, J.M., La responsabilidad civil extracontractual de la Administración Pública y la Jurisdicción Contencioso-Administrativa. *Revista española de Derecho Administrativo*, 126, 2005 (pp. 191-216), disponible en base datos Aranzadi (BIB 2005\846).

ARQUILLO COLET, B., Seguro y responsabilidad patrimonial de la Administración Pública Sanitaria, *Revista InDret*, 1, 2004.

ASUA GONZÁLEZ, C.I., Daños causados por amianto. Reclamación de trabajadores, de familiares y de amas de casa que manipularon la ropa. Cambio de doctrina jurisprudencial sobre la jurisdicción competente. *Cuadernos Civitas de Jurisprudencia Civil*, 101, 2016, disponible en base datos Aranzadi (BIB 2016\4045).

BLÁZQUEZ MARTÍN, R., Criterios relevantes de la Sala Primera del Tribunal Supremo sobre el proceso judicial de daños: jurisdicción, competencia, capacidad, legitimación, arquitectura de la demanda, contenido de la audiencia previa, prueba, efectos prejudiciales y acceso a los recursos extraordinarios. En M.J. Herrador Guardia (Dir.), *Derecho de daños (cuestiones actuales)* (pp. 121-161), Madrid, Francis Lefebvre, 2020.

BUSTO LAGO, J.M., La responsabilidad civil de las Administraciones públicas. En L.F. Reglero Campos (Coord.), *Tratado de responsabilidad civil* (pp. 1709-1848), Cizur Menor, Aranzadi, 2006.

CARRANCHO HERRERO, M.T., *Responsabilidad civil del empresario en el ámbito de los riesgos laborales*, Madrid, La Ley, 2010.

CAVANILLAS MÚGICA, S. y TAPIA FERNÁNDEZ, I., *La concurrencia de responsabilidad contractual y extracontractual. Tratamiento sustantivo y procesal*, Madrid, Centro de Estudios Ramón Areces, 1995.

DÍEZ-PICAZO GIMÉNEZ, G., *Los riesgos laborales. Doctrina y jurisprudencia*, Madrid, Civitas, 2007.

DÍEZ-PICAZO y PONCE DE LEÓN, L., *Derecho de daños*, Madrid, Civitas, 1999.

DÍEZ-PICAZO y PONCE DE LEÓN, L. *Fundamentos de Derecho Civil Patrimonial. Las relaciones obligatorias*, tomo II, Madrid, Civitas, 2008.

DÍEZ-PICAZO y PONCE DE LEÓN, L., *Fundamentos del Derecho Civil Patrimonial. La responsabilidad civil extracontractual*, tomo V, Cizur Menor, Civitas, 2011.

DÍEZ SÁNCHEZ, J.J., Las acciones de regreso contra autoridades y funcionarios públicos. En J.A. Moreno Martínez (Coord.), *La responsabilidad civil y su problemática actual* (pp. 205-234), Madrid, Dykinson, 2007.

DOMÉNECH PASCUAL, G., De nuevo sobre la responsabilidad patrimonial de la Administración por actos ilegales. A favor de la doctrina del margen de tolerancia. *Revista de Administración Pública*, 219, 2022 (pp. 59-106).

DOMÉNECH PASCUAL, G. y MORA-SANGUINETTI, J.S., El mito de la especialización judicial, *Revista InDret*, 3, 2015.

DOMÍNGUEZ MARTÍNEZ, P., Daños provocados por el amianto: jurisdicción competente y responsabilidad civil. *Revista CESCO de Derecho de Consumo*, 17, 2016 (pp.192-212).

FERNÁNDEZ MÁRQUEZ, O., *Derecho de daños y responsabilidad vicaria del empleador*, Madrid, Dykinson, 2021.

FERNÁNDEZ VALVERDE, R., Alcance de la responsabilidad objetiva de las Administraciones Públicas. En M.J. Herrador Guardia (Coord.), *Derecho de Daños* (pp. 613-680), Madrid, Sepin, 2011.

FERRERES COMELLA, V., Sobre la posible fuerza vinculante de la jurisprudencia. En V. Ferreres Comella y J. A. Xiol Ríos, *El carácter vinculante de la jurisprudencia* (pp. 43-80), Madrid, Fundación coloquio jurídico europeo, 2010.

GAMERO CASADO, E., Los seguros de responsabilidad patrimonial de la Administración: recientes pactos y reformas, *La Ley*, 3, 2024 (pp. 1934-1939).

GARBERÍ LLOBREGAT, J., *Jurisdicción y competencia de los juzgados y tribunales civiles*, Cizur Menor, Aranzadi, 2008.

GARCÍA GARNICA, M.C., Las vías para reclamar ante una negligencia médica, *Revista de Derecho Civil Notarios y Registradores*, vol. 7, 1, 2020 (pp. 31-68).

GARCÍA-TREVIJANO GARNICA, E., ¿Interrumpe el ejercicio de acciones penales el plazo de prescripción para exigir la responsabilidad patrimonial de la Administración?: Sobre el alcance del artículo 146.2 de la Ley 30/1992, *Revista de Administración Pública*, 141, 1996 (pp. 265-270).

GARCÍA-TREVIJANO GARNICA, E., *Plazo para exigir la responsabilidad extracontractual de las Administraciones Públicas*, Madrid, Civitas, 1998.

GÓMEZ LIGÜERRE, C., Sobre la posibilidad de que la víctima ejercite la acción directa contra la compañía aseguradora de la Administración pública, *Revista InDret*, 3, 2001.

GÓMEZ LIGÜERRE, C., *Solidaridad y Derecho de Daños. Los límites de la responsabilidad colectiva*, Madrid, Civitas, 2007.

GÓMEZ LIGÜERRE, C., Problemas de jurisdicción competente y de derecho aplicable en pleitos de responsabilidad civil extracontractual, *Revista InDret*, 2, 2009.

GÓMEZ LIGÜERRE, C., Responsabilidad civil y responsabilidad laboral derivadas de una misma contingencia profesional. De nuevo sobre la jurisdicción competente. La sentencia civil del caso Uralita, *Revista InDret*, 1, 2016.

GÓMEZ LIGÜERRE, C., *Derecho aplicable y jurisdicción competente en pleitos de responsabilidad civil extracontractual*, Madrid, Marcial Pons, 2019.

GUZMÁN FLUJA, V.C. y ZAFRA ESPINOSA DE LOS MONTEROS, R., Comentarios prácticos a la Ley de Enjuiciamiento Civil. La acumulación de acciones: Arts. 71 a 73 LEC. *Revista InDret*, 3, 2008.

HERRERO DE EGAÑA ESPINOSA DE LOS MONTEROS, J.M., La responsabilidad patrimonial de las autoridades y del personal al servicio de las Administraciones Públicas, *Revista InDret*, 4, 2004.

JIMÉNEZ LÓPEZ, M.N., *Los procesos por responsabilidad civil médicosanitaria*, Madrid, Tecnos, 2011.

JUAN SÁNCHEZ, R., Nueva doctrina constitucional sobre la prescripción del delito y su incidencia en el ejercicio de la acción por responsabilidad civil *ex delicto*, *Revista InDret*, 1, 2009.

LLAMAS POMBO, E., Comentario al art. 1092 CC. En A. Domínguez Luelmo (Dir.), *Comentarios al Código Civil*, Valladolid, Lex Nova, 2010.

LLAMAS POMBO, E., *Reflexiones sobre derecho de daños: casos y opiniones*, Madrid, La Ley, 2010.

LÓPEZ GIL, M., Paradojas procesales que plantea el ejercicio de la acción de regreso en el ámbito de la responsabilidad sanitaria, *Justicia: Revista de derecho procesal*, 1, 2021 (pp. 175-222).

LÓPEZ MENUDO, F., GUICHOT REINA, E. y CARRILLO DONAIRE, J.A., *La responsabilidad patrimonial de los poderes públicos*, Valladolid, Lex Nova, 2005.

LUQUE PARRA, M. y RUIZ GARCÍA, J.A., Accidentes de trabajo, responsabilidad civil y competencia de jurisdicción Comentario de la STS, 1ª, 8.10.2001, *Revista InDret*, 3, 2002.

MARTÍN CASALS, M. y RIBOT IGUALADA, J., «Technological Change and the Development of Liability for Fault in Spain». En M. Martin Casals (Ed.). «*The Development of Liability in Relation to Technological Change*», vol. 4, Cambridge, Cambridge University Press, 2010.

MIR PUIGPELAT, O., La jurisdicción competente en materia de responsabilidad patrimonial de la Administración: una polémica que no cesa, *Revista InDret*, 3, 2003.

MOLINER TAMBORERO, G., La culpa como criterio de imputación en accidentes de trabajo. La delimitación de responsabilidades. En M.J. Herrador Guardia (Coord.), *Derecho de Daños* (pp. 681-725), Madrid, Sepin, 2011.

MOLINS GARCÍA-ATANCE, J., La elección del orden jurisdiccional en las acciones indemnizatorias derivadas de accidentes laborales, *Práctica Derecho de Daños*, 86, 2010 (pp. 17-21).

MORA-SANGUINETTI, J.S., Justicia y Economía: la eficiencia del sistema judicial en España y sus impactos económicos, *Papeles de Economía Española* 128, 2021 (pp. 66-77).

MUÑOZ CUESTA, J. La responsabilidad civil por el hundimiento y vertidos del Prestige, *Revista Aranzadi Doctrinal*, 3, 2019, disponible en base datos Aranzadi (BIB 2019\1477).

PANTALEÓN PRIETO, A.F., ««Perseverare diabolicum» (¿Otra vez la responsabilidad civil en el Código Penal?)», *Jueces para la democracia*, 19, 1993, (pp. 610).

PEÑA LÓPEZ, F., *La culpabilidad en la responsabilidad civil extracontractual*, Granada, Comares, 2002.

PEÑA LÓPEZ, F., La vía de regreso: un medio a disposición de la Administración Pública (y su aseguradora) para exigir responsabilidad civil a su personal, *Práctica de Derecho de Daños*, 30, 2005 (pp. 529).

PUCHE VERGARA, F., *Amianto: una epidemia oculta e impune*, Madrid, Los Libros de la Catarata, 2017.

REGLERO CAMPOS, L.F., *Accidentes de circulación: responsabilidad civil y seguro*, Cizur Menor, Aranzadi, 2004.

REGLERO CAMPOS, L.F., El seguro de responsabilidad civil. En L.F. Reglero (Coord.), *Tratado de Responsabilidad Civil* (pp. 721-844), Cizur Menor, Aranzadi, 2006.

REGLERO CAMPOS, L.F., Conceptos generales y elementos de delimitación. En L.F. Reglero (Coord.), *Tratado de Responsabilidad Civil* (pp. 63-210), Cizur Menor, Aranzadi, 2006.

ROCA GUILLAMÓN, J., La responsabilidad del Estado y de las Administraciones Públicas por delitos de sus funcionarios. En

J.A. Moreno Martínez (Coord.), *Perfiles de la responsabilidad civil en el nuevo milenio* (pp. 489-532), Madrid, Dykinson, 2000.

ROIG TORRES, M., *La responsabilidad civil derivada de los delitos y faltas*, Valencia, Tirant lo Blanch, 2010.

SEMPERE NAVARRO, A.V., ¿Cuál es la jurisdicción competente para determinar la responsabilidad civil del empresario derivada de accidente de trabajo?, *Aranzadi Social*, 1, 2008, disponible en base datos Aranzadi (BIB 2008\494).

SEMPERE NAVARRO, A.V., Accidentes laborales y jurisdicción civil, *Actualidad Jurídica Aranzadi*, 779, 2009, disponible en base de datos Aranzadi (BIB 2009\821).

YÁÑEZ DÍAZ, C., Sociedades mercantiles públicas: responsabilidad ¿patrimonial? y jurisdicción competente, *Revista jurídica de la Comunidad de Madrid*, enero, 2025 (pp. 24-43).

YZQUIERDO TOLSADA, M., El perturbador artículo 1092 del Código civil: cien años de errores. En Libro conmemorativo del *Centenario del Código Civil*, vol. II (pp. 2109-2135), Madrid, Asociación de Profesores de Derecho civil, 1990.

YZQUIERDO TOLSADA, M., *La responsabilidad civil contractual y extracontractual*, Madrid, Reus, 1993.

YZQUIERDO TOLSADA, M., *Aspectos civiles del nuevo Código penal*, Madrid, Dykinson, 1997.

YZQUIERDO TOLSADA, M., La responsabilidad civil en el proceso penal. En L.F. Reglero Campos (Coord,), *Tratado de responsabilidad civil* (pp. 539-619), Cizur Menor, Aranzadi, 2006.

YZQUIERDO TOLSADA, M., La responsabilidad civil en el proceso penal. En L.F. Reglero Campos y J. Manuel Busto Lago (Coord.), *Tratado de Responsabilidad civil*, vol. 1 (pp. 1105-1236), Cizur Menor, Aranzadi, 2014, disponible en Aranzadi digital (BIB 2014\137).

YZQUIERDO TOLSADA, M., *Responsabilidad civil extracontractual. Parte general. Delimitación y especies. Elementos. Efectos o consecuencias*, Madrid, Dykinson, 2017.

YZQUIERDO TOLSADA, M., Comentario de la sentencia del Tribunal Supremo de 5 de junio de 2019 (321/2019): la acción directa contra el asegurador de la Administración no permite una petición por cuantía superior a la fijada en el procedimiento administrativo firme, *Comentarios a las sentencias de unificación de doctrina (Civil y Mercantil)*, 11, 2019 (pp. 339-346).